은퇴 후 50년, 어떻게 준비할 것인가?

노후
걱정 없는 우리 집

백정선·김의수 지음

노후 걱정 없는 우리 집

초판 1쇄 발행 2015년 4월 15일
초판 2쇄 발행 2015년 6월 25일

지은이 | 백정선 · 김의수

발행인 | 윤재훈 · 김지형
편집인 | 박운미
편집장 | 류현아
편집 | 김준영
디자인 | 서영석 · 전혜진 · 박종건
일러스트 | 장인범
사진 | STUDIO D
마케팅 | 김찬완 · 전진형 · 이선유

펴낸 곳 | ㈜알피코프
출판등록 | 제2012-000067호(2012년 2월 21일)
주　소 | 서울 강남구 삼성동 163-3
문　의 | 02-550-8228
팩　스 | 02-550-8057
홈페이지 | www.denstorybook.co.kr

ISBN 979-11-85716-18-3 13320
값 15,000원
-
이 책은 2013년 12월 5일 발행된 『노후, 돈 걱정 없이 살고 싶다』와 내용이 동일합니다.

이 책은 저작권법에 의해 보호받는 저작물이므로 무단 전재와 무단 복제를 금지하며
이 책 내용의 전부 또는 일부를 인용하거나 발췌하려면 반드시 저작권자와 ㈜알피코프의
서면 동의를 받아야 합니다.

Denstory는 ㈜알피코프의 출판 브랜드입니다.
파본이나 잘못된 책은 구입하신 곳에서 바꿔드립니다.

이 도서의 국립중앙도서관 출판예정도서목록(CIP)은 서지정보유통지원시스템
홈페이지(http://seoji.nl.go.kr)와 국가자료공동목록시스템(http://www.nl.go.kr/kolisnet)에서
이용하실 수 있습니다. (CIP제어번호 : CIP2015009022)

은퇴 후 50년, 어떻게 준비할 것인가?

노후 걱정 없는 우리 집

백정선·김의수 지음

Denstory

❖ Contents ❖

추천사   008

프롤로그   012

1부/ "준비 안 됐는데…" 너무 이른 정년퇴직

1. 노후, 나만 힘든 게 아니다
아들을 하버드대에 보낸 만복 씨의 노후   020
"자식에겐 죽어도 짐 되기 싫다"   027
역사적으로 유례없는 고령화 사회   030
베이비부머, 부모와 자녀 둘 다 책임져야 하는 마지막 세대   034
연금 없는 10년의 암담한 공백   037

2. 친구 동수의 희망 찾기
"도대체 뭘 해서 먹고 살아야 하지?"   042
10년 후 현금흐름표, 동수를 바꾸다   046
10년 후 월 300만 원의 생활비를 준비한 비결   054

3. 노후, 내가 문제가 아니라 구조의 문제다
무한경쟁의 신자유주의가 만든 것   061
우리나라, IMF 이후 신자유주의 영향권 아래에   065
월 450만 원을 벌어도 부족하다   069
맞벌이의 함정   074
노후를 더 어렵게 하는 체면 문화   080

2부 / 자식을 버려라!

1. 자녀 교육비, 노후자금 최대의 적
영어유치원, 30대부터 망가뜨린다 087
학원비, 생활비 최고 항목 090
자녀 교육비 때문에 강남에서 탈출한 변호사 091
대학은 무조건 서울로? 아니다! 100

2. 자녀 결혼 비용, 노후자금 나눠 먹는 것
안전한 노후자금 흔드는 남매 결혼 비용 116
체면 때문에 무리하는 자녀 결혼, 자식도 부모도 망친다 121
결혼총액제로 돈도 모으고 부모 노후도 지킨 신랑 신부 123

3. 자녀 사업자금, 노후를 가시밭길로
부모 등골 브레이커, 청년 창업 127
집 담보로 대준 사업자금, 부모 신용불량 만들어 129
미국 부모, 자녀 고등학교 졸업하면 무조건 내보낸다 132

3부 / 퇴직 후 창업, 웬만하면 하지 마라

1. 600만 자영업자 시대
"베이비부머 치킨집 때문에 한국이 흔들리고 있다" 139
골목상권 위협하는 대기업, 대출 권장하는 정부 141
프랜차이즈로 성공하기 어려운 이유 144

2. 창업, 그래도 시작한다면 이렇게!
시골에서 50대에 카페 창업 꿈꾸는 부부 교사 이야기 147
양가 부모님을 위해 창업한 김밥카페 이야기 150

4부 / 돈 걱정 없는 노후 준비하기

1. 돈 관리 전에 결정할 것이 있다
월평균 노후 생활비는 얼마면 될까?   165
어디서 사느냐에 따라 노후가 달라진다   171

2. 국민연금 · 퇴직연금으로 노후 준비하기
50대, 국민연금 논란 있어도 개인연금보다 수령액 높다   175
투자 실적에 따라 퇴직금이 달라진다? 퇴직연금 이해하기   184

3. 주택연금으로 노후 준비하기
주택연금으로 성공적인 노후 준비한 사례   192
주택연금으로 가능한 3가지 시나리오   195

4. 개인연금으로 노후 준비하기
추천하고 싶지 않은 연금보험   203
투자 성향이 보수적이라면 변액연금에   204
40대 초반까지는 변액유니버셜이 유리하다   208
"경험생명표가 뭐예요?"   209
연금보험 상품에 대해 꼭 알아야 할 기본 지식   212
50대를 위한 변액연금과 일시납 연금   217
60대를 위한 즉시연금   219
변액연금 5~6년 되어야 원금,
하지만 20~30년 지키면 충분히 보상받는다   221

5. 투자로 노후 준비하기
저금리 시대에 투자가 필요한 이유   225
용도와 기간이 변수   227
노후 생활비 마련을 위한 투자 상품 고르기   229

5부 / 돈 걱정 없는 노후를 위한 세대별 전략

1. 20대를 위한 노후 대비 전략
지출 통제! 장기상품 NO, 단기상품 OK … 236

2. 30대를 위한 노후 대비 전략
아끼면 60세에 3억 만든다 … 241

3. 40대를 위한 노후 대비 전략
소득 수준에 맞는 교육비 지출이 관건 … 248

4. 50대를 위한 노후 대비 전략
생활비 줄이고 65세까지 일한다 … 261

6부 / 총정리! 이렇게 하면 노후 준비 끝~

1. 노후를 편안하게 하는 패러독스
검소함이 자산이다? … 273
성적 나쁜 자녀, 부모 노후 도와준다? … 277
부모 자식, 서로에게 선을 그어라? … 280
부모의 노후 준비가 자녀의 미래를 좌우한다? … 283

2. 행복한 노후를 위한 5단계 플랜
1단계: 참조틀을 낮춘다 … 287
2단계: 평생 할 일을 찾고, 재취업할 곳을 알아본다 … 289
3단계: 아내에게 도움을 청한다 … 292
4단계: 퇴직금을 금융자산에 묶어놓는다 … 294
5단계: 묻어두었던 꿈을 찾고 이룬다 … 295

에필로그 … 302

추천사

윤택하고 품위 있는
노후를 만들자!

최성환 한화생명 은퇴연구소장

"자식을 버려라!"
"퇴직 후 창업, 웬만하면 하지 마라."

    요즘 보기 드문 직접화법의 글이다. 자식을 버리라니 도대체 뭐 이런 사람이 다 있나 하는 이도 있겠지만 들여다보면 십분 이해가 간다. 물론 내 자식을 남부럽지 않게 잘 키우는 일은 부모로서 당연한 의무이자 욕심이다. 하지만 분수를 넘어 지나치게 자식에게 올인했다가 자신들의 노후가 말 그대로 패가망신(敗家亡身)하는 경우를 심심찮게 볼 수 있다. 빈곤에 몰리는 것은 다반사이고 최악의 경우 부부가 갈라서기도 한다. 오죽하면 투자 수익률이 가장 낮은 게 자식에 대한 투자라는 말이 나왔겠는가?

    은퇴연구소장이 되고 난 후 만나는 이들로부터 가장 많이 듣는

말은 "제 은퇴 준비는 어떻게 하면 될까요?"이다. 그럴 때마다 대답은 간단하다. "은퇴하지 마십시오." 다들 정말 맞는 말이라면서 웃음을 터뜨리지만 곧바로 "에이, 아무리 그래도 은퇴하지 않는 사람이 어디 있습니까?"라고 반문한다.

우리나라 직장인들이 주된 직장에서 은퇴하는 평균연령은 53~54세에 불과하다. 선진국들에 비해 적게는 7년, 많게는 10년 이상 빨리 물러나고 있는 것이다. 2013년 4월 통과된 정년연장법에 의해 2016년부터 정년이 60세로 법제화되기는 했지만 은퇴 연령이 크게 늘기는 쉽지 않을 것이다. 전문직이거나 괜찮은 자영업을 하거나 큰 회사를 운영하는 오너라고 해도 언젠가는 은퇴할 수밖에 없다.

영국의 대형 은행 HSBC가 몇 년 전 22개국 성인 남녀 2만4,000명에게 "당신은 은퇴라는 단어에서 무엇을 떠올리느냐?"고 물었다. 선진국 사람들은 '자유, 만족, 행복'이라고 답한 반면 우리나라 사람들은 '두려움, 외로움, 지루함'이라고 대답했다. 무엇이 이렇게 큰 차이를 만들었을까? 준비된 은퇴와 준비 안 된 은퇴의 차이일 것이다.

준비된 은퇴와 준비 안 된 은퇴는 누가 만드는가? 선진국들은 공적연금이 만들어진 지 오래된 데다 소득수준도 높아 현직에 있을 때 개인적으로도 퇴직연금 등 은퇴 준비를 할 여유가 있다. 반면 우리나라의 경우 소득수준이 낮은 가운데 국민연금은 1988년에 시작해 혜택을 보는 비율이 낮을 뿐 아니라 받는 연금 액수도 턱없이 모자라는 경우가 대부분이다. 그렇다면 결국 대한민국에서 준비된 은퇴와 준비 안 된 은퇴는 나 자신에게 달려 있는 것이다.

은퇴생활에서 가장 중요한 2가지 키워드는 '윤택과 품위'이다. 은퇴는 일|work| 로부터 은퇴하는 것이지 삶|life|으로부터 은퇴하는 것이 아니기 때문이다. 은퇴|隱退|가 한자로는 물러나서 뒤로 숨는다는 뜻이어서 매우 부정적으로 다가오지만 은퇴를 의미하는 영어 'retire'는 타이어를 새로 갈아 끼우는 것|re-tire|, 즉 새로운 시작을 의미한다. 열심히 일한 당신이 새로운 마음과 몸으로 시작하는 삶에서 윤택함과 품위가 빠져서야 되겠는가?

이 책은 나의 은퇴를 준비된 은퇴, 즉 자유롭고 만족스러운 행복한 노후로 이끌어주는 책이다. 자식을 버리고 창업하지 말라고 겁만 주는 게 아니다. 어떻게 부부끼리 또는 자식과 타협하고, 굳이 창업하겠다면 어떻게 해야 하는가를 실례를 들어 구체적으로 말해준다. 노후 준비를 위해 필요한 연금 등 금융 상품은 물론 연령대별로 필요한 전략도 자세하게 보여주고 있다. 이 책이 남다른 점은 필자 자신들을 포함한 주변의 경험과 함께 수많은 컨설팅에서 우러나온 결과를 솔직하게 정리함으로써 구구절절이 가슴에 와 닿는다는 것이다. 나에게 해당하는 부분을 특히 꼼꼼히 읽고 실행에 옮겨야 하는 이유이다.

마지막 조언 한 가지. 빨라서 좋은 3가지가 있다고 한다. '짜장면 배달, LTE 속도, 그리고 노후 준비.' 여행은 가슴 떨릴 때 하는 일이지 다리 떨릴 때 하는 일이 아니라고 하지만 노후 준비 또한 그에 못지않게 가슴 떨릴 때 해야지 다리 떨릴 때 할 일이 아니다. 더욱이 안 가면 그만인 여행과는 달리 노후 준비는 늦었다고 해서 그만둘 수도 없을 뿐 아니라 그만둬서도 안 된다. 부족하면 부족한 대로 지금 바로 시작해야 하는 것이 보다 윤택하고 보다 품위 있는 노후를 위한 당신의 노력이다.

Prologue

노후,
문제가 있으면
답도 있다

얼마 전 언론을 통해 엘리트 경찰관이 스스로 목숨을 끊었다는 기사를 보았다. 유독 이 기사에 마음이 갔던 건 자살의 원인이 표면적으로는 승진에서 누락될 것이라는 불안 때문이었지만 이면적으로는 퇴직 이후의 삶이 두려웠기 때문이라는 분석 내용 때문이었다. 유서가 적혀 있던 가방에서는 퇴직금과 퇴직 후에 받게 될 연금을 계산한 메모가 들어 있었다고 한다. 계속 승진이 되지 않을 경우 54세에 옷을 벗어야 하는 상황에서 아마도 혼자 메모를 해가며 아파트를 사면서 받은 대출금과 고등학생이 된 자녀들의 교육비, 대학 4년간의 등록금, 아이들의 졸업 후 결혼자금 등을 계산해봤을 것이다.

경찰관은 계산을 할수록 앞으로 가족에게 필요한 돈과 자신의 이른 퇴직이 가져올 현실과의 괴리가 너무나 커서 심한 자괴감에 빠졌을 것 같다. 이분의 고민과 갈등은 현시대를 한국에서 살고 있는 대부분 중년 아빠들의 마음이자 현실이다.

금융위기 이전부터 우리들은 경제 칼럼과 강의, 그리고 책을 통해 신자유주의로 무너져가는 중산층의 삶에 대한 경고를 계속해왔다. 무리를 해서 자녀 사교육에 투자하고 대출금이 걱정되면서도 집을 산다. 차도 가전제품도 휴대전화도 할부로 바꾼다. 그렇게 평생 할부금을 갚아가는 인생을 살게 된다. 노후를 준비할 여력은 전혀 없다. 할부금을 갚다 보면 저 멀리에 있을 거라 생각했던 정년과 노후가 거대한 산처럼 다가와 있다. 현장에서 12년간 재무 상담을 하면서 제일 힘들 때는 재정적으로 힘들어진 60대 중반의 부부가 희망을 보고 싶어 할 때이다. 노부부의 어려웠던 과거와 실패, 그리고 "그때 그러지 말았어야 했어"라는 말을 하게 하는 잘못된 선택들. 지난 세월을 후회하며 눈시울을 적실 때면 재무상담사로서 함께 울어줄 수는 있지만 그분들의 문제를 해결할 수 없음이 안타까울 뿐이다.

시중에는 수많은 노후 관련 책이 있지만 대부분 어떻게 노후자금을 만들지에 집중되어 있다. 일부 금융회사에서는 일반 서민은 꿈도 못 꿀 10억, 20억이 필요하다며 공포 마케팅을 하고 있다. 하지만 우리 저자들은 그렇게 생각하지 않는다. 돈 걱정 없는 노후는 절대 노후를 위한 금융 상품으로 해결되지 않는다. 우리는 이 책을 통해 노후는 온 가족이 힘을 합쳐 삶으로 준비해야 하는 것이지, 한두 개의 연금 상품으로 준비되지 않는다는 것을 보여주고 싶었다.

이 책은 하버드대학에 보낸 아들을 미국 유학파 며느리와 결혼시키면서 주위의 부러움을 산 만복 씨의 이야기로 시작된다. 잘난 자식 덕분에 세상 부러울 것 없었던 만복 씨에게 노후가 찾아왔을 때 정작 자녀들은 아무 도움이 되지 않았다. 우리가 처하게 될 고령화 사회를 생생히 보여주고 있는 사례다. 그리고 50대 중반에 퇴직하고 전 재산을 털어 프랜차이즈 창업을 준비하는 동수 씨의 이야기가 나온다. 퇴직 후 준비 없이 창업을 하는 것이 얼마나 위험한지, 그리고 창업을 하지 않고 퇴직금을 지키면서 본인들이 원하는 노후를 어떻게 준비해 갈 수 있는지 그 과정을 자세하게 담았다. 그리고 월 450만 원을 벌어도 노후 준비가 안 되는 가정을 통해 도대체 무엇이 문제인지 생각해 보도록 했다. 이 부분을 읽다 보면 왜 중산층이 무너져가는지, 왜 맞벌이로도 힘들게 살아야만 하는지 사회 구조적인 차원에서의 이해가 가능하다. 사회적인 큰 틀을 이해하고 있으면 시류에 휩쓸리지 않고 본인의 상황에 맞는 노후 준비를 할 수 있을 것이다.

책의 2부에서는 노후자금 준비의 가장 큰 적이 자식임을 얘기했다. 노후를 준비해야 할 자금이 자녀에게 쓰이는 것이다. 다른 것은 다 줄여도 자녀 교육비는 줄이지 않는 것이 우리나라 부모다. 모두들 무엇을 위해서 이렇게 하고 있는지, 이제는 원점에서 생각해봐야 할 시점에 이르렀다. 교육비 때문에 강남을 탈출한 변호사 이야기를 통해 도움을 받을 수 있을 것이다. 또한 공부 잘하는 자녀들을 서울에 있는 대학으로 보내고 싶어 하는 정수 씨 이야기도 있다. 이 가정은 자녀들을 지방 명문 대학에 보냈고 본인들은 행복한 노후를 준비하고 있다. 자식을 버려야 한다고 강조했지만 자식을 버리면 부모가 살고, 부모가 준비된 노후를 보내면 결국 자식도 살 수 있음을 보여주고 싶었다.

책의 3부는 창업 이야기이다. 퇴직 후 많은 사람들이 퇴직금을 가지고 생계형 창업에 뛰어든다. 노후를 위한 마지막 모험을 하는 건데 여기서 실패하면 희망은 없다. 10명이 창업하면 3년 후 5명은 폐업, 3명은 현상 유지, 2명만 돈을 벌게 된다는 것이 통계청 자료다. 그래서 우리 저자들은 가능하면 창업을 하지 말라고 조언한다. 그러나 정말 창업을 해야 하거나 하고 싶다면 2~3년 준비를 철저히 해서 창업해야 한다. 창업 준비에 도움이 되도록 양가 부모님의 노후를 위해 김밥카페를 운영하는 저자의 경험담을 소개했다.

4·5부로 넘어오면서 본격적인 노후 준비를 위해 우리가 할 수 있는 것들을 이야기했다. 4부에서는 국민연금과 보험사의 개인연금, 노후를 위한 마지막 선택인 주택연금에 대해서도 다루었다. 노후자금을 위한 금융 상품 중 제일 어려운 개인연금은 물론 각 연금의 성격과 장단점, 그리고 나이별 가입 방법까지 상세하게 정리해 연금 상품을 선택하는 데 큰 도움을 줄 것이라 생각한다. 5부에서는 20~30대, 40대, 50대, 60대 등 연령에 따라 달라지는 노후 전략을 소개, 독자들이 자신의 상황에 맞게 준비할 수 있도록 했다.

6부에서는 앞서 얘기했던 것을 종합해 꼭 염두에 두어야 할 것을 총정리했다. 마지막에 소개한 행복한 노후를 위한 5단계 플랜은 평범한 듯하지만 실천에는 커다란 인식의 변화와 삶의 변화가 요구된다. 현장에서 단순히 돈을 많이 벌고 재테크를 잘하는 것으로 우리들의 안정된 노후가 준비되지 않는다는 것을 배웠다. 신자유주의 경제 구조 아래 타인의 시선이 우리 삶의 기반이 되어버린, 잘못된 세상을 거슬러 올라갈 수 있는 혁신적인 인식의 변화가 필요하다. 그 변화는 우선 가정에서부터 시작되어야 한다. 혼자의 꿈이 아닌 가족의 꿈이 이루어질 수 있도록 가족과 함께 5단계 플랜을 잘 실행해간다면 행복한 노후를 준비하는 강력한 도구가 되어줄 것이라 확신한다. 이 책을 읽는 독자 한 사람 한 사람이 돈 걱정 없는, 행복한 노후를 보내기를 간절히 바란다.

이 책이 나오기까지 기획과 진행을 총괄한 고준영 기획자, 형편없는 글을 보석같이 다듬어준 최은숙 작가, 늘 편히 일하게 해준 Denstory의 류현아 편집장께 진심으로 감사드린다. 그리고 상담실에서 울고 웃으며 삶을 나눈 고객들, 끊임없이 기도해주시는 주기쁨 공동체 식구들, 밤낮을 가리지 않고 수고하는 동료들에게 감사의 말을 전한다. 끝으로 우리 삶의 버팀목이자 안식처인 가족, 아내 장성아, 딸 백혜원, 시원, 그리고 아내 김선주와 딸 김희은, 민수, 민하에게 감사와 사랑을 보낸다.

대치동에서 백정선, 김의수

1부

"준비 안 됐는데…"
너무 이른 정년퇴직

I 노후, 나만 힘든 게 아니다

아들을 하버드대에 보낸 만복 씨의 노후

노후에 힘들어진 사람들은 누구나 깊은 사연을 갖고 있다. 그중에는 자녀로 인해 은퇴빈곤층이 된 경우가 많다. 누구도 들춰보고 싶지 않은 불편한 진실이다. 하지만 노후 준비에 대해서 이야기하기 위해서는 꼭 통과해야 할 과정이다. 많은 부모들이 자녀를 성공시키면 어느 정도 노후가 보장될 거라는 기대를 갖고 있다. 그래서 마지막 남은 퇴직금과 노후자금을 자녀에게 투자하듯이 쏟아붓는다. 하지만 55세에 정년퇴직한 한만복(68세·가명) 씨 사례는 그것이 얼마나 헛된 기대인지 알게 해준다.

하버드 나온 아들, 유학파 며느리

한만복 씨는 대기업 본부장으로 일했다. 그는 공부를 잘해 늘 자랑거리였던 아들을 하버드대학에 보냈다. 자식 키우는 맛도 나고 남들도 모두 부러워했지만 학비를 대는 일은 힘들었다. 남들보다 많은 연봉을 받아도 한 달에 수백만 원씩 들어가는 아들의 유학비를 대는 것은 쉽지 않았다. 첼로를 전공하는 딸 레슨비도 만만치 않았고, 연로하신 어머니 병원비도 심심치 않게 들어가서 만복 씨는 그야말로 '짠돌이' 노릇을 해야만 했다. 술값을 아끼기 위해 친구들 모임에 가서는 눈치껏 빠져나와야 했고, 아내가 백화점에서 새 옷이라도 사 들고 오면 눈살을 찌푸려야만 했다. 부하 직원들한테 설렁탕 한 그릇 사는 것조차 속으로 계산해야 했다. 하지만 아들이 돈이 필요하다고 하면 얼마가 됐든 빚이라도 내서 보내주었다. 그에게 자녀는 인생의 목적이었고, 삶의 희망이었다. 가난한 집안에서 태어나 어렵게 공부해야 했던 한을 아들에게는 대물림하고 싶지 않았던 것이다. 자녀들의 성공을 위해서라면 이깟 고생쯤은 아무것도 아니었다.

아들이 기대에 어긋나지 않게 하버드대에 들어갔을 때, 만복 씨는 세상을 다 가진 것처럼 기뻤다. 게다가 아들은 졸업 후 국내에 들어와 남들은 꿈도 꾸지 못할 대기업 기획실에 곧바로 취직을 했다. '그럼 그렇지, 누구 아들인데…' 한순간에 그의 인생은 장밋빛처럼 빛나 보였다. 회사에 들어간 지 얼마 지나지 않아 아들은 미국에서부터 사귀던 중견기업의 사장 딸과 결혼을 약속했다. 만복 씨 맘에 쏙 드는 유학파 며느릿감을 얻게 된 것이다. 그런데 만복 씨는 결혼식 준비를 하면서 3억 원이나 써야 했다. 사돈댁의 수준에 맞추기 위해 예단 비용과 결혼식 비용, 그리고 신혼집을 얻기 위해서였다. 만복 씨는 퇴직금을 탈탈 털다시피 해야만 했다.

첼로를 전공한 딸도 명문 대학을 졸업한 후 지방의 한 시립교향악단에서 일하다가 좋은 배필을 만나서 일찍 결혼했다. 자식들을 둘씩이나 최고의 교육을 시키고 흡족한 결혼까지 시킨 만복 씨는 세상에서 더 이상 부러울 게 없었다. 주위 사람들은 자식을 그렇게 잘 키운 비결이 뭐냐고 물어왔다. 만복 씨의 노후자금은 바닥이 났지만 하나도 아깝지 않았다. 잘 키워놓은 자녀들보다 더 좋은 노후 대책은 없다고 믿었기 때문이다. 두 자녀를 독립시키고 나니 만복 씨에게는 4억여 원의 집 한 채와 4,000만 원이 들어 있는 통장 하나가 남았다. 하지만 크게 걱정되지는 않았다. 잘 키워놓은 자녀들의 효도를 받으며 손자들 재롱이나 보면서 노후를 여유롭게 보내면 될 터였다. 정년퇴직까지 했으니 홀가분한 마음으로 아내와 손잡고 여행이나 다닐 생각이었다.

자식들, 용돈 40만 원이 전부

하지만 만복 씨의 노후는 만복 씨가 예상했던 대로 풀리지 않았다. 신혼 초기에는 만복 씨를 살갑게 챙기던 아들 부부가 시간이 흐를수록 집에 찾아오는 일이 줄어들었다. 일이 바빠지고 허니문베이비를 임신한 며느리의 입덧이 심하다는 이유에서였다. 아들과 딸이 한 달에 만복 씨를 위해 내놓는 생활비는 각각 20만 원, 합해서 40만 원이 전부였다. 40만 원을 받은 만복 씨는 헛기침으로 애서 실망감을 감춰야 했다. 그렇다고 체면 망가지게 아들한테 손을 내밀 수는 없었다. 그러나 통장에 남아 있던 돈이 생활비로 모두 나가고 빈 통장만 남게 되자 만복 씨는 점점 자녀들한테 섭섭한 마음이 들기 시작했다.

만복 씨의 궁핍함을 아는지 모르는지 아들은 외제차를 샀고, 딸은 더 넓은 아파트를 장만해서 곧 이사를 한다고 했다. 그런데도 자신에게 주는 용돈에는 늘 인색했다. 자녀들에게 넌지시 생활비 얘기를 꺼내보았지만 자신들도 살기 팍팍하다는 엄살 같은 대답만 돌아올 뿐이었다. 만복 씨가 보기에도 아들과 딸이 사는 세상 역시 녹록지 않았다. 아들은 새벽부터 나가서 밤늦게까지 일하다가 파김치가 되어 들어와 늘 만성피로와 두통에 시달린다고 했다. 유학까지 다녀왔지만 제 가정 하나도 감당하기 버거운 아들에게 만복 씨는 더 이상 손을 내밀기가 어려웠다. 딸은 딸대로 시댁 눈치 봐가며 재테크를 하느라고 늘 몸과 마음이 분주했다. 주위 사람들은 자식들이 성공했으니 얼마나 좋으냐며 부러워했지만, 만복 씨는 속으로 벙어리 냉가슴을 앓아야만 했다.

아파트 담보로 커피 전문점 시작

60세가 된 만복 씨는 고심 끝에 주택연금을 신청할까 하다가 아파트를 담보로 대출을 받아 작은 사업을 시작해보기로 했다. 여기저기 다니면서 시장 조사를 한 후, 집 근처 상가에 프랜차이즈 커피 전문점을 내기로 했다. 일손이 크게 필요 없고, 아르바이트생만 잘 써도 운영할 수 있다고 주위에서 조언을 해줬기 때문이다. 하지만 사업도 만복 씨의 예상대로 되지 않았다. 아르바이트생들은 툭하면 그만두거나 결근을 했고, 그 자리를 메우기 위해 만복 씨가 밤늦게까지 허둥대야만 했다. 어떤 날은 만복 씨가 주문을 받는 날도 있었다. 할아버지가 운영하는 커피 전문점은 젊은이들에게 부담스러운 장소가 됐고, 손님들의 발길이 점점 끊기면서 당장 적자가 나기 시작했다.

몇 달의 적자는 눈덩이처럼 불어나서 만복 씨를 난감하게 만들었다. 프랜차이즈를 시작하면서 들어간 목돈이 있으니 당장 그만둘 수도 없는 노릇이었다. 어떻게든 메워보려고 노력하다 보니 대출을 더 내야 했고, 적자 폭은 점점 더 커져만 갔다. 결국 만복 씨는 이러지도 저러지도 못하는 진퇴양난의 상황에 빠지고 말았다. 아들·딸과 상의를 하고 싶었지만, 아들은 해외 출장 때문에 바빴고, 딸은 손자 양육 때문에 꼼짝도 할 수 없는 입장이라 아무런 도움이 되지 못했다. 게다가 아버지 사업에 관여해봐야 골치 아픈 일만 생길 것 같으니 자녀들이 일부러 피하는 듯한 느낌도 없잖아 있었다.

결국 만복 씨는 1년 6개월 만에 커피 전문점 문을 닫고 빚을 청산하기 위해 아파트를 팔아야만 했다. 아파트를 팔고 난 만복 씨는 경기도 외곽 쪽에 작은 아파트를 얻어서 이사를 했다. 자녀가 모든 것을 책임져줄 것이라고 믿었던 만복 씨의 생각은 여지없이 산산조각이 나고 말았다. 그동안 자녀들 교육비로 들어간 돈을 노후자금으로 잘 묶어놨다면 지금쯤 이렇게 곤란을 겪지는 않을 텐데, 하는 뒤늦은 후회가 밀려왔지만 소용이 없었다.

얼마 후, 의례적으로 정기검진을 받은 아내가 큰 병원으로 가보라는 진단을 받았다. 정밀검사 결과, 대장암이었다. 만복 씨는 하늘이 무너지는 것 같았다. 그동안 아내의 몸에 이런저런 징후가 있었지만 대수롭지 않게 여겼던 자신이 한심해서 자책이 됐다. 부랴부랴 가족들을 소집해서 대책회의를 했고, 자녀들은 각각 500만 원씩 1,000만 원의 병원비를 모아주었다. 아내가 들어둔 암보험도 있어서 그런대로 아내의 치료를 시작하는 데는 어려움이 없었다. 하지만 아내가 병원에 입원해 있는 시간이 길어질수록 병원비는 쌓여만 갔다.

아내는 5년 동안 암과 힘겨운 싸움을 벌였다. 만복 씨는 아파트 전세금까지 빼서 병원비를 감당해야만 했다. 그러나 애쓴 보람도 없이 아내는 세상을 떠나고 말았다. 그러는 사이에 아들은 미국에서 좋은 일자리를 제안받아 이민을 갔고, 딸도 아들의 조기교육을 위해 캐나다에 있는 고모네에 가 있기로 했다며 훌쩍 떠나버렸다. 만복 씨는 얼마간의 연금을 받으며 월세방을 전전하며 살아야 했다. 자책감과 자괴감을 견디지 못한 만복 씨는 아무도 자신을 알아볼 수 없는 지방으로 이사를 했다. 누군가 만복 씨에게 자녀에 대해서 물으면, 만복 씨는 자식이 없다고 말했다. 멀쩡하게 살아 있는 자식을 부인할 때마다 만복 씨는 속으로 피눈물을 흘렸다. 차라리 자식이 없으면 속은 더 편할 것 같았다. 어느새 만복 씨는 복지관에서 봉사자들이 갖다 주는 반찬에 의지해서 하루하루를 무료하게 보내는 은퇴빈곤층 독거노인이 되어버렸다. 세상의 바닥으로 떨어진 만복 씨를 슬프게 만드는 것은 어려운 재정 형편이 아니었다. 자신의 모든 것을 쏟아부어 키운 자녀들로부터 버림받은 배신감과 허탈감이었다.

"자식에겐 죽어도 짐 되기 싫다"

지난 5월, 경북 청송의 한 저수지에서 승용차에 탄 노부부의 시신이 발견됐다. 80대 노인이 치매를 앓고 있는 부인을 태우고 저수지로 차를 몬 것이었다. 부인은 4년 전부터 치매를 앓았는데 요양원을 싫어하여 막내아들과 남편이 번갈아 간호를 해왔다. 그런데 얼마 전부터 치매 증상이 심해지면서 몇 차례 대·소변을 가리지 못했고, 자녀들에게 짐이 되고 싶지 않은 남편이 동반자살을 선택한 것이다.

숨진 노인의 집에서는 한 통의 유서가 발견됐다. 자살을 준비하는 사람치고는 너무나 담담하고 정돈된 글씨로 써내려간 유서 내용이 지금까지도 애잔한 기억으로 남아 있다. 그 내용을 간추려보면 "우리의 죽음에 대해서 너무 당황하지 마라. 이 길밖에 없어서 내가 운전할 수 있을 때 네 엄마와 함께 가기로 결심했다. 너희들에게 짐이 되고 싶지 않다. 우리가 없더라도 잘 살아라"는 내용이었다. 왜 노부부는 그렇게 비참하고 외로운 선택을 해야만 했을까? 무엇이 그들을 죽음으로 몰아넣은 것일까? 아마도 더 이상 희망을 찾을 수 없었기 때문일 것이다. 노후에 희망이 없다는 것은 많은 노인들을 죽음으로 몰아넣을 만큼 잔혹한 일이다.

2005년 기준 노후 한 달 최저생활비는 109만 원이었다. 중산층은 월 198만 원, 상류층은 372만 원이었다|출처: 국민연금관리공단|. 8년이 지난 현재 기준으로 보면, 노후 최저생계비는 150만 원 정도로 잡을 수 있다. 그러나 노후에 150만 원을 버는 것은 결코 쉬운 일이 아니다. 연금이 많이 나오는 사람들의 얘기는 제외하자. 문제는 이 150만 원으로도 노후를 사는 것이 쉽지 않다는 것이다. 그야말로 아무것도 하지 않고 간신히 먹고 살 수만 있는 금액이기 때문이다.

퇴직 후에도 엄연히 사회생활이 있다. 하지만 경제적인 상황상 사회생활을 줄이거나 포기해야 한다. 은퇴 상담을 할 때 보통 부인들은 남편의 용돈을 20만 원 정도로 책정한다. 이전에도 그랬기 때문이다. 그러나 남편들이 용돈을 20만 원만 쓰지는 않았을 것이다. 대개 비자금을 갖고 있었을 것이다. 실제로 20만 원을 용돈으로 받아 든 남편이 할 수 있는 일은 많지 않다. 친구들이나 지인들의 모임에 가거나 경조사비 등을 내면 20만 원은 한순간에 사라져버린다. 특히 정년퇴직 이전에 왕성한 사회활동을 하던 사람이라면 노후에 찾아온 빈곤은 더더욱 견디기 힘든 고통이다.

그렇게 되면 남자들은 점점 사회에서 스스로 격리될 수밖에 없다. 많은 남자들이 노후에 취미생활도 없이 혼자 외롭게 지내는 것도

주머니에 돈이 없기 때문이다. 남이 두세 번 밥을 사면 나도 한 번은 사야 하는데 그런 경제적 능력이 안 되니 아예 나가지를 않는 것이다. 노후에 취미생활을 하려면 돈이 든다. 골프나 낚시, 수영 등 모든 것에는 실제적인 비용 이외에도 품위 유지비가 든다. 어디를 가든 연장자인 입장에서 주머니가 텅 빈 상태로 누군가를 만난다는 것은 어르신들에게 큰 불편이며 고역이다.

이렇듯 금전적으로 손발이 묶인 남자들의 노후 인생은 비참하다. 큰돈 안 들이고도 친구들과 모여 수다를 떨거나 딸네 집에서 손자들을 봐주며 하루를 바쁘게 보낼 수 있는 여자들에 비해 남자들은 적당한 소일거리조차도 부족하다. 그러다 보니 비교적 돈이 적게 드는 산에 열심히 오른다. 그것도 안 되면 탑골공원을 배회하거나 전철을 타고 천안까지 왕복하는 의미 없는 여행으로 시간을 죽인다. 그렇게 희망 없이 무료한 시간들을 보내다가 어디 몸이라도 아프게 되면 남자들은 자신도 모르게 조용히 세상에서 사라지고 싶은 충동을 느끼게 된다. 결국 그렇게 해서 우리나라는 OECD 국가 중에서 노인 자살률 1위라는 오명을 얻게 됐다.

역사적으로 유례없는 고령화 사회

우리나라 국민의 기대수명은 81세|2011년 기준|로, 100세 시대를 앞두고 있다. 예전에는 60세면 환갑잔치를 할 만큼 노인으로 여겨졌지만, 지금은 70세가 되어도 나이가 무색할 정도로 건강한 어르신들이 많다. 62세에 교장으로 은퇴하신 은사님은 10년이 지난 지금까지도 나보다 산을 더 빨리 오를 만큼 정정하시다. 이렇게 노후에 건강을 유지할 수 있게 된 데는 경제적 발전으로 인한 생활수준의 향상도 있겠지만, 의료기술의 발전이 큰 역할을 한 것이 사실이다.

예전에는 60세 이후에 골절로 며칠 누워서 앓다가 돌아가시는 어르신들이 많았다. 하지만 요즘은 첨단기술을 자랑하는 새로운 의료기기들과 각종 의술의 발전으로 인해 고관절 대체 수술 등의 치료를 통해 어렵지 않게 회복할 수 있게 됐다. 게다가 건강검진의 일반화로 누구든지 질병을 조기에 발견해서 갑상선암이나 위암 정도는 수술로 쉽게 고칠 수 있게 됐다. 어디 그뿐인가. 돈만 있으면 주름살도 제거해서 팽팽한 피부로 나이보다 10년은 젊게 살 수 있다. 그만큼 이제는 건강 관리만 잘한다면 80세 정도는 누구나 무난히 바라볼 수 있는 시대가 된 것이다.

통계청 자료에 의하면, 우리나라의 고령화 속도는 우려할 정도로 빠르게 진행되고 있다. 1990년에 20%였던 노령화지수는 2030년에는 193.0%까지 치솟을 것으로 추정되고 있다. 노령화지수는 0~14세 인구 대비 65세 이상의 인구 비율을 말한다. 그러므로 노령화지수가 높으면 높을수록 노령인구가 많다는 의미다. 한국은 2000년에 고령화 사회에 진입한 이후 2026년에는 초고령 사회로 접어들 것으로 예상된다. 지금 추세로 가면 2030년에는 젊은이 2.6명이 노인 1명을 부양해야 한다는 얘기다.

그래서인지 요즘 시골에는 노인들만 사는 마을이 대부분이다. 물론 젊은이들이 도시로 몰려서 그렇기도 하겠지만 서울 지하철 안에도 흰머리의 어르신들이 많다. 양육비·교육비가 많이 들어 아이를 하나만 낳는 가정도 많고, 결혼 연령이 늦어져 출산율이 많이 떨어진 때문이다. 이렇게 가다간 명절 때 친척들이 모인다 해도 증조할아버지·할머니, 할아버지·할머니, 아버지·어머니, 아들만 모여서 떡국을 먹는 날이 올 수도 있다. 삼촌이나 이모, 조카라는 단어는 아예 사전에서 사라지게 될 날이 올지도 모를 일이다. 고령화 사회는 국가적으로 보면 큰 부담이다. 우리나라는 스스로 노후 준비를 하지 않으면 살아남기 힘든 사회적 구조이다. 노후 준비를 제대로 하지 않으면 정년퇴직과 함께 벼랑 끝으로 내몰려 은퇴빈곤층으로 떨어질 수밖에 없다.

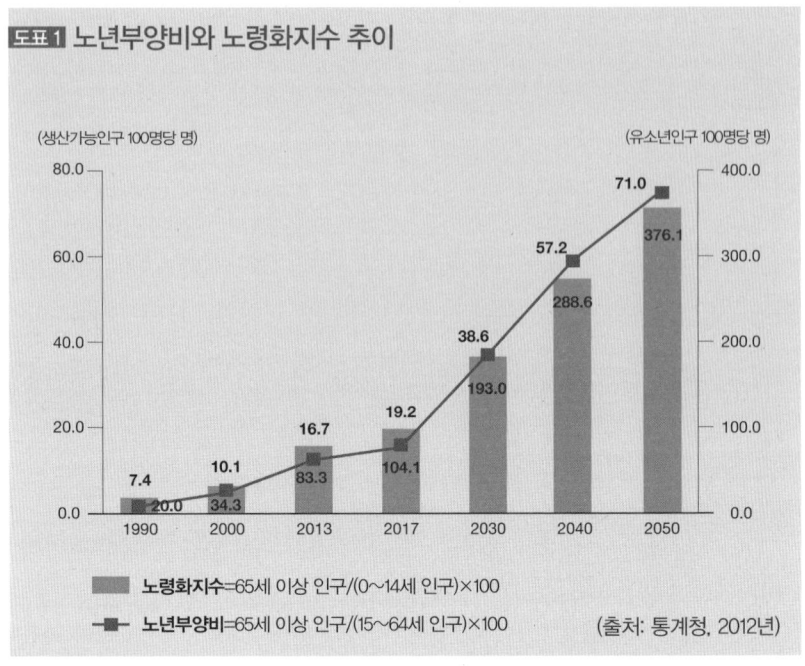

도표1 노년부양비와 노령화지수 추이

우리나라 고령층|65세 이상|의 경제활동 참가율은 30.7%로 OECD 국가 중에서 아이슬란드 다음으로 높은 수치를 보인다|2012년 통계청 자료 참고|. 얼핏 보면 경제활동을 하는 노인인구가 많아서 바람직한 현상으로 보일 수도 있지만, 내막을 알고 보면 그 반대다. 이러한 현상 뒤에는 높은 수준의 노인 빈곤율이 있기 때문이다. 현대경제연구원이 통계청의 가계금융조사 통계를 분석한 결과에 따르면, 2010년 은퇴빈곤층은 101.5만 가구로, 고령 은퇴가구|284만3000가구|의 38.4%를 차지한다. 공

적·사적 노후 대비가 부족한 사회 구조 속에서 노인들이 일을 놓고 싶어도 놓지 못하는 것이다.

리어카에 박스나 빈 병 등을 싣고 아슬아슬하게 도로를 횡단하는 어르신들을 볼 때가 있다. 어르신들이 그렇게 고생해서 하루에 버는 돈은 1만 원이 채 안 된다. 그래도 일을 놓을 수 없는 것은 그분들의 생계가 걸린 문제이기 때문이다. 가슴 아픈 얘기다.

다른 선진국에 비해서 우리나라 사회복지 정책은 아직도 약한 편이다. 게다가 국민들은 노후 준비에 대한 명확한 인식이 부족하다. 자녀 교육비나 결혼자금에는 과다한 지출을 하는 것을 당연시 여기면서도 노후 준비에는 소홀하다. 사회적인 의식 구조의 변화로 요즘 자녀들은 부모의 노후에 대해서 별로 책임감을 느끼지 않는다. 게다가 자녀들도 돈 쓸 곳은 많은데 막상 쓸 돈은 적다. 언제 그만두게 될지 모르는 불안한 직장에서 무한경쟁 시대를 살아내야 하는 자녀들은 자신들이 새롭게 꾸린 가정조차도 유지해나가기가 벅차다. 한마디로 부모를 챙길 여유가 없는 것이다.

우리 부모 세대만 해도 열심히 땀 흘려 일하면 자신과 가족의 삶을 어느 정도 안정되게 유지할 수 있었다. 그러나 지금은 아니다. 자산 가치는 물가와 함께 계속해서 상승하는데 상대적으로 노동의 가치는 떨어지고 있는 것이 우리의 암울한 현실이다. 그로 인해 아무리 열심히 일해도 물가 상승률을 따라잡지 못하는 실질임금 때문에 서민들의 경제적 부담은 더욱 가중되고, 국가 경제의 버팀목인 중산층은 무너지고 말았다. 세계 경제를 주무르고 있는 신자유주의의 영향력 때문이다. 게다가 요즘 우리나라는 경기가 위축되는 경제 불황 속에서 물가 상승이 같이 발생하는 스태그플레이션stagflation의 위협까지 받고 있다. 이런 긴박한 상황 속에서 노후 준비를 제대로 하지 않는다면 총알 없이 전쟁터에 뛰어드는 것이나 다름없다. 노후 준비를 못해서 가난하고 힘든 노후를 살아야 한다면 늘어난 평균수명은 축복이 아니라 재앙이 될 수도 있다.

베이비부머, 부모와 자녀
둘 다 책임져야 하는 마지막 세대

　　베이비붐 세대the baby boom generation|1955~1964년에 태어난 세대| 이전에는 일반적으로 자녀가 부모를 모시고 살면서 노후를 책임지는 경우가 많았다. 하지만 베이비붐 세대를 기점으로 엑스세대the X generation|1965~1976년에 태어난 세대|부터는 부모의 노후가 더 이상 자녀의 문제가 아니라 부모 스스로 책임져야 하는 문제가 됐다. 사실 엑스세대

는 자녀 교육비 비중이 과다하게 늘어나면서 부모를 부양할 만한 경제적인 여력도 없어졌다.

문제는 위로는 부모를 모셔야 하면서 자식들로부터 아무런 부양을 받을 수 없게 된 베이비붐 세대가 이제 정년퇴직을 맞이하게 된 것이다. 하지만 이들은 노후 준비에 대한 인식이 별로 없었다. 게다가 이전 세대보다 수명도 연장되어 그만큼 노후도 길어졌다. 특별히 베이비붐 세대는 자녀들의 교육과 결혼은 물론, 손자까지 책임져야 한다는 과도한 책임감을 갖고 있어서 빚을 내서라도 책임을 완수하려고 하는 경향이 있다. 이는 곧 심각한 노후 가계 부채로 이어진다.

기술직으로 퇴직한 이판식 씨 이야기
중소기업 부품공장에서 기술직으로 일하다가 정년퇴직한 이판식(58세·가명) 씨는 갖은 고생을 하며 두 아들을 대학까지 공부시켰다. 큰아들은 다행히 작은 중소기업에 취직해서 일하다가 배우자를 만나 결혼을 했다. 판식 씨는 결혼하는 아들에게 전세자금으로 모아놓은 돈 1억 원을 내주었다. 24평 아파트에서 노모를 모시며 살고 있는 판식 씨에게 결코 적은 돈이 아니었다. 판식 씨는 아들들만큼은 자신처럼 아무것도 없이 시작해서 고생하며 살지 않기를 바랐다.

그런데 작은아들은 나이 서른이 넘도록 마땅한 직장을 잡지 못한 채 가끔 아르바이트나 하면서 판식 씨한테 빌붙어 살고 있었다. 하루 종일 컴퓨터 앞에서 게임에 열중하고 있는 작은아들을 볼 때마다 판식 씨는 한숨이 저절로 나왔다. 판식 씨는 고물상을 하는 친구 사업장에서 일용직으로 일하며 약간의 생활비를 벌었고, 아내는 반찬가게에서 일하면서 얼마간의 생활비를 벌었다. 큰아들은 친한 선배와 함께 사업을 시작하기로 했다면서 판식 씨에게 사업자금을 빌려달라고 했다. 사업이 잘되면 두 배 이상으로 꼭 갚겠다며 아들은 몇 날 며칠을 떼를 쓰듯 매달렸다. 견디다 못한 판식 씨는 모아놓은 돈을 털어서 5,000만 원을 건네주었다.

하지만 아들의 사업은 처음부터 어려움이 많았다. 결국 시작한 지 얼마 되지 않아서 아들은 사업을 접고 말았다. 여기저기서 대출까지 낸 아들은 신용불량자가 되어 살던 집까지 잃은 채 처자식을 이끌고 갑자기 판식 씨 집으로 들이닥쳤다. 자식이니 내칠 수도 없고 판식 씨는 눈물을 머금고 받아들일 수밖에 없었다. 하지만 그때부터 판식 씨의 삶은 아수라장이 되어버렸다. 큰아들네 네 식구와 실업자 아들에 판식 씨네 부부, 노모까지 여덟 식구가 24평 아파트에서 비좁게 살아가게 된 것이다. 좁게 사는 것은 그렇다고 쳐도 생활비까지 나눠 써야 하니 살림은 더욱 궁핍해졌다. 마땅한 일을 찾지 못한 아들은 가끔 아르바이트로 화물차 운전을 했는데, 정기적인 일이 아니다 보니 집에서 노는 시간이 많았다. 며느리는 아직 아이가 어리다는 이유로 집 안에서 살림만 하며 시어머니와 실랑이를 벌였다. 그런 모습을 지켜보며 노후를 보내야 하는 판식 씨는 억장이 무너진다. 평생 동안 가족을 위해 고생한 판식 씨에게 너무도 가혹한 현실이다.

연금 없는 10년의 암담한 공백

요즘 주변을 둘러보면 정년퇴직한 친구들이 부쩍 늘었다. 대기업 부장으로 일하다가 얼마 전에 정년퇴직한 친구는 아직도 나이 때문에 회사를 그만둔 것이 실감 나지 않는다고 말한다. 정년퇴직이 아니라 한참 일할 나이에 등 떠밀려 퇴출당한 것 같은 허탈감이 더 강하게 든다는 말이다. 사실 정년퇴직한 친구들을 보면 정신적으로나 육체적으로 젊은이 못지않게 건강하고 활력이 넘친다.

그런데도 50대 중반에 정년퇴직한 직장인을 우리 사회는 뒷방 늙은이로 몰아넣는다. 그들의 경험과 능력도 아깝거니와 100세 시대를 코앞에 둔 시대적인 흐름과도 맞지 않는다. 다행히 60세 정년연장법이 2013년 4월 말 국회 본회의에서 통과되어 법제화됐다. 하지만 현실에서 시행되기까지는 넘어야 할 산이 많아 보인다. 이 법은 2016년 1월부터 공공기관, 지방공사, 지방공단 등과 300인 이상의 사업장에서 먼저 시행되고, 2017년부터는 300인 미만의 사업장까지 확대 실시될 예정이다. 하지만 처벌 조항이 미미하거나 사업주가 법망을 피해 악용할 수도 있고, 청년 실업 증가와 경기 불황 침체 등의 난제들을 생각하면 과연 잘 시행될 수 있을지 걱정이 앞선다. 이런 현실 속에서 아직까지는 60세가 되어서도 일할 수 있는 직업은 교수나 변호사같이 한정된 일부 전문직뿐이다.

　50대 중반에 정년퇴직한 퇴직자들의 삶은 생각보다 고단하다. 평생을 직장에서 청춘을 바치며 가족을 위해 헌신했건만, 그들을 기다리고 있는 것은 부담스러울 정도로 긴 노후와 외롭고 궁색한 현실뿐이다. 물론 모아놓은 재산이 많아서 풍족한 노후를 보내는 사람들도 있겠지만 일부에 지나지 않는다. 대부분은 빠듯한 생계비와 씨름하며 연금이 나오는 65세까지 버티기 위해 안간힘을 쓰며 살아간다. 그나마 연금이라도 한두 개 있으면 다행이다. 받을 연금 액수가 턱없이 적거나 아예 65세 이후에도 별다른 대비책이 없는 사람들도 많다. 설사 65세 이후에 충분한 연금을 받고 산다고 해도 안심할 일이 못 된다. 언제 자녀로 인해 돌발 상황이 생길지 알 수 없기 때문이다.

실직 후 택시 기사로 일하는 박인호 씨 이야기

박인호(59세·가명) 씨는 53세 때부터 택시 운전기사로 일하고 있다. 다니던 중소기업이 부도를 맞는 바람에 하루아침에 실직자 신세가 됐고, 일자리를 열심히 찾아 헤매다가 결국 지인의 도움으로 택시 기사 일을 시작하게 된 것이다. 하루 종일 열심히 일해도 사납금을 제대로 채워놓지 못할 때가 많지만, 그래도 인호 씨는 할 수 있는 일이 있다는 것이 감사했다.

인호 씨는 아내가 알뜰하게 살림을 잘한 덕분에 빚 없이 3억 원 정도 하는 32평 아파트 한 채와 현금 8,000만 원 정도를 갖고 있었다. 그중 5,000만 원은 아들 결혼식을 위해 예비해둔 자금이었다. 83세 노모를 모시고 있는 인호 씨는 가족을 부양하기 위해서 무슨 일이든 해야만 했다. 다행히 노모는 정정하신 편이어서 가벼운 가사 정도는 하면서 지내실 수 있었다. 하지만 인호 씨의 아내 정자(56세) 씨는 허리 디스크 때문에 오랫동안 병치레를 하면서 고생을 해왔다.

고등학교 때부터 공부에는 별 관심이 없고 친구들과 어울려 다니며 말썽을 일으켰던 아들(32세)은 고등학교를 겨우 졸업한 후 몇 년간 방황하다가 카센터에 취직을 했다. 하지만 1년도 안 돼서 비전이 안 보인다며 카센터를 그만두고 중고차 딜러로 일하기 시작했다. 다행히 중고차 파는 일은 적성에 맞는지 그런대로 밥벌이를 하면서 몇 년 동안 열심히 일했다. 사귀던 여자 친구와 결혼을 하겠다고 했을 때, 인호 씨는 모아놓은 자금 5,000만 원을 내놓았다.

아들은 경기도 외곽에 월세로 작은 집을 얻어서 신혼살림을 시작했다. 손자를 낳고 잘 사는가 싶었지만, 결혼한 지 3년 만에 아내와 이혼을 하겠다고 했다. 다른 여자와 만나다가 며느리한테 걸린 것이 화근이 된 모양이었다. 게다가 외도 이전에도 이미 아들이 생활비를 제대로 갖다 주지 못하면서 불화가 잦았고, 이것이 두 사람의 관계를 악화시킨 주범이었다. 인호 씨는 이혼만은 안 된다며 극구 말렸다. 하지만 이미 며느리는 법적인 정리를 끝내고 아이만 남겨둔 채 집을 나간 뒤였다. 어쩔 수 없이 갓 돌이 지난 손자는 허리가 아픈 인호 씨 아내가 키워야만 했다. 이혼 후 아들은 마음을 잡지 못한 채 퇴근하면 술로 세월을 보냈다. 그런 아들을 지켜보는 인호 씨의 마음은 무겁기만 하다.

오빠에 비해서 공부를 잘하고 착실했던 인호 씨 딸(30세)은 간호대학에 진학해서 장학금을 받고 졸업한 후 곧바로 간호사로 취직을 했다. 딸은 병원 근처에 오피스텔을 얻어놓고 혼자 살면서 밤낮없이 일에 빠져 살고 있다. 딸이 매달 생활비로 부쳐주는 30만 원이 인호 씨한테는 큰 위안이고 도움이다. 그러나 인호 씨가 결혼은 언제 할 거냐고 넌지시 물으면 딸은 결혼할 생각이 없다고 딱 잘라 말하곤 한다. 혼자 사는 딸을 지켜보는 인호 씨의 마음은 안타깝다. 오늘도 인호 씨는 노모의 노인정 갈 용돈과 아픈 아내의 병원비, 그리고 손자의 분윳값을 벌기 위해 택시를 몰고 밤거리를 달린다. 요즘 흔히 접할 수 있는 가정의 모습이다.

일반적으로 50대 중반에 퇴직을 하고 나면 연금 수령 시기인 65세 정도까지 10여 년 수입의 공백 기간이 생긴다. 한마디로 퇴직한 사람들에게는 암흑기다. 이 시기를 어떻게 보내느냐가 노후 준비의 중요한 변수가 된다. 이 시기를 잘 보내야 이후 20~30년 동안 안정된 노후가 보장되기 때문이다. 자칫 잘못된 투자로 퇴직금을 잃거나, 곶감 빼 먹듯 생활비로 다 소진하고 나면 암담하고 불행한 노후만 앙상하게 남게 된다.

친구 동수의 희망 찾기를 통해 이 시기를 지혜롭게 살아가는 방법을 살펴보자.

2. 친구 동수의 희망 찾기

"도대체 뭘 해서 먹고 살아야 하지?"

평범한 정년퇴직자들을 위한 노후 준비, 과연 그 희망의 해결책은 무엇일까? 친구 박동수(56세·가명)가 사무실로 나(백정선)를 찾아와 다짜고짜 한숨부터 내쉬었다. 27살에 금융회사에 취직해서 순조롭게 직장생활을 한 친구는 작년에 55세로 정년퇴직을 했다. 28년간 열심히 직장생활을 한 친구의 손에는 퇴직금 2억5,000만 원과 현재 살고 있는 아파트 전세금 3억 원이 남았다. 거기에 펀드에 넣은 돈 3,000만 원 정도가 있었다. 5억8,000만 원으로 고1, 고3인 두 딸의 교육비와 결혼 비용, 그리고 자신과 아내의 노후자금을 해결해야 했다.

하지만 당장 동수가 사용할 수 있는 자산은 아파트 전세금을 제외한 퇴직금 2억5,000만 원뿐이었다. 펀드에 넣어둔 돈 3,000만 원은 동수가 퇴직한 후 잠시 숨 돌리는 사이에 6개월 생활비로 몽땅 소진되고 말았다. 동수가 퇴직 전에 받던 월급은 월 700만 원 정도였다. 거기에서 교육비를 빼고 400만 원 정도가 생활비로 지출됐다.

그런데 퇴직 후 이것저것 알아보는 사이에 500만 원 정도 되는 돈이 생활비로 매월 빠져나갔고, 결국 6개월이 되자 목돈 3,000만 원이 한순간에 사라져버린 것이다. 그제야 동수는 어이쿠, 하는 위기감을 느꼈다. 뭔가 빨리 시작해서 생활비를 벌지 않으면 그나마 갖고 있던 2억5,000만 원도 생활비로 다 써버릴 수 있는 상황이었다. 그래서 동수는 부랴부랴 나를 찾아왔던 것이다. 어쨌든 2억5,000만 원이라면 적지 않은 돈이고 빚도 없어서 운이 좋은 케이스라고 할 수 있지만, 4인 가족의 미래를 담보하기엔 불안한 금액이었다. 어쩌다 잘못된 선택이라도 하게 되는 날이면 가족의 미래가 한꺼번에 무너질 수도 있는 상황이었다. 이런 답답한 현실이 비단 동수 한 사람만의 고민은 아니다. 중견기업을 다니다가 정년퇴직을 한 많은 가장들이 안고 있는 문제이다.

많은 사람들이 그렇듯이 동수 역시 퇴직금으로 작은 프랜차이즈 음식점이라도 시작해보면 어떨까 하는 의견을 냈다. 하지만 나는 강경

하게 말렸다. 동수도 일찍 퇴사하고 퇴직금으로 사업을 시작했다가 망한 친구들을 여러 명 보았기에 선뜻 반론을 제기하지는 못했다. 하지만 특별한 기술이 있는 것도 아니고, 큰돈이 있는 것도 아닌 동수로서는 난감할 뿐이었다. 자영업이라도 하지 않으면 대체 남은 노후 기간 동안 뭘 해서 먹고 살 수 있단 말인가? 동수의 의문이 틀린 것은 아니지만 그 안에는 함정이 도사리고 있음을 동수는 알지 못했다.

나는 동수에게 먼저 취업을 하도록 권유했다. 지금 상황에서 동수한테는 퇴직금을 지키는 것이 무엇보다 중요한 과제이기 때문이다. 앞으로 연금을 받는 시기인 만 62세까지 적은 금액이라도 수입을 만들어야만 노후자금을 확보할 수 있었다.

"그걸 누가 모르냐? 그런데 일자리가 있어야 하지. 이 나이에 오라는 데도 없고 기술도 없잖아."

동수의 하소연이 결코 틀린 말은 아니었다. 하지만 나는 눈높이만 낮추면 일자리는 얼마든지 찾을 수 있다고 말했다. 중소기업이나 지방 기업을 먼저 알아보고 정 안 되면 아파트 경비나 대리운전 같은 일도 알아보라고 권했다. 그 순간, 내 말을 듣던 동수의 표정이 갑자기 굳어졌다. 그리고 버럭 화를 냈다. 명색이 잘나가는 금융회사 부장이던 동

수에게는 참을 수 없는 모욕으로 느껴졌던 것이다. 동수는 자리를 박차고 나가버렸다.

동수 같은 경우, 퇴직 후 사무직으로 재취업을 할 수 있는 확률은 그리 높지 않다. 눈높이를 낮춰서 비슷한 업종의 중소기업에 더 낮은 직급으로 취직하는 친구들도 있지만, 그야말로 하늘의 별 따기처럼 드문 경우다. 거기다 정년퇴직 시에는 자신의 인생에서 가장 높은 연봉을 받는 시기이므로 이때의 환상을 버리지 못하면 직업을 구하기가 힘들 수밖에 없다. 재취업을 해서 퇴직 당시 월급의 2분의 1이라도 받으면 운이 좋은 편이다. 그나마 취직을 해서도 나이 어린 상사들과의 관계가 힘들어 퇴사하는 경우도 적지 않다.

그래서 많은 정년퇴직자들이 한동안 시행착오를 거친 후에는 비교적 취업의 문이 넓은 택배나 대리운전, 경비 일자리를 알아보게 된다. 아파트 경비원을 하기엔 너무 젊다는 생각도 있겠지만 그나마도 요즘은 자리를 구하기가 쉽지 않다. 재취업은 되도록 하던 일을 하는 것이 좋을 것이나 그것이 여의치 않다면 무슨 일이든 가리지 않고 하겠다는 마음가짐이 중요하다는 말이다.

10년 후 현금흐름표, 동수를 바꾸다

일주일이 지난 후, 동수는 한풀 꺾인 모습으로 다시 찾아왔다. 프랜차이즈를 해볼까 싶어서 주위 다른 지인들을 찾아가 봤지만 다들 고개를 저으며 뜯어말렸기 때문이다. 혼자 아무리 생각해봐도 별 뾰족한 방법을 찾지 못한 동수는 어쩔 수 없이 내 도움을 받기 위해 머쓱한 표정으로 다시 찾아왔다. 나는 반갑게 맞으며 내가 만든 프랜차이즈 가맹점을 했을 때의 현금흐름표와 재무분석표를 보여줬다.

〈표1〉의 현금흐름표는 동수가 프랜차이즈 가맹점을 시작해서 월 400만 원의 순소득을 낸다고 가정했을 때의 현금 흐름을 도표화해놓은 것이다. 월 400만 원을 벌어도 지금의 지출 구조로는 당장 적자 인생을 살게 된다. 만약 동수가 6년 동안 프랜차이즈를 하다가 그만두고 다시 보증금과 권리금 1억5,000만 원을 받는다고 해도 상황은 매우 어렵다. 동수는 창업을 해서는 안 되고, 노후 플랜을 다시 세워야만 한다.

동수는 내가 내민 현금흐름표와 재무분석표를 보고 나더니 아무 말도 하지 못했다. 자신이 처한 현실이 얼마나 심각한지 한눈에 보게 됐기 때문이다. 만약 동수가 일자리를 찾지 못한 채 퇴직금을 쓰게 될 경우, 동수의 노후는 얼마 지나지 않아 적신호가 켜지게 된다. 적자 인생을 살게 된다는 뜻이다. 노후에 적자 인생이란 곧 경제적인 죽음을 뜻한다. 적자를 메울 수 있는 방법을 찾기 어렵기 때문이다. 사업을 막는 이유도 자칫 프랜차이즈 사업을 시작했다가 실패하게 되면 다시 회복할 길을 찾지 못한 채 곧바로 은퇴빈곤층으로 곤두박질칠 수 있기 때문이다. 노후에는 선택의 폭도 좁거니와 실패가 용납되지 않는다. 돌다리도 두들겨보고 건너는 심정으로 한 걸음 한 걸음을 신중하게 내디뎌야만 한다. 다행히 동수의 경우, 방법이 전혀 없는 것은 아니었다.

동수의 노후자금 솔루션은 퇴직 후 일자리를 찾고 은퇴를 7년 연장하는 것으로 시작되어야 한다. 그 전에 나는 먼저 생활비를 줄이자고 했다. 내가 제안한 동수 가정의 월 생활비는 400만 원 정도였다. 퇴직 전에는 교육비를 제외하고 매월 400만 원을 지출했다면, 이제는 교육비를 제외하고 매월 260만 원을 지출하기로 한 것이다. 140만 원의 지출을 줄이자는 것이다. 생활비를 줄인다고 해도 고3인 딸의 교육비를 당장 줄일 수는 없기 때문에 나는 집을 줄이자고 했다. 현재 40평형대에서 24평형으로 집이 줄면 관리비 등 부대비용이 따라서 줄기 때문에 생활비를 꽤 줄일 수 있다. 동수네가 살고 있는 은평구 녹번동 부근에서는 방 세 칸짜리 24평형 아파트를 2억5,000만 원 정도에 구입할 수 있었다. 이 집은 10년 후 주택연금으로 전환하면 월 80만 원 정도의

표1 동수가 프랜차이즈 가맹점을 했을 때의 현금흐름표

년도	나이				연간수입			
	본인	처	자녀1	자녀2	급여	현금	공적연금	계
2013	56	51	19	17	2,600	25,000		27,600
2014	57	52	20	18	5,000			5,000
2015	58	53	21	19	5,100			5,100
2016	59	54	22	20	5,202			5,202
2017	60	55	23	21	5,306			5,306
2018	61	56	24	22	5,412			5,412
2019	62	57	25	23	5,520	권리금	1,060	6,581
2020	63	58	26	24		15,000	1,087	16,087
2021	64	59	27	25		개인연금	1,114	1,114
2022	65	60	28	26		240	1,142	1,382
2023	66	61	29	27		240	1,170	1,410
2024	67	62	30	28		240	1,200	1,440
2025	68	63	31	29		240	1,230	1,470
2026	69	64	32	30		240	1,260	1,500
2027	70	65	33	31	아내 기초연금	240	1,292	1,532
2028	71	66	34	32	323	240	1,324	1,887
2029	72	67	35	33	329	240	1,357	1,927
2030	73	68	36	34	336	240	1,391	1,967
2031	74	69	37	35	343	240	1,426	2,009
2032	75	70	38	36	350	240	1,462	2,051
2033	76	71	39	37	357	240	1,498	2,095
2034	77	72	40	38	364	240	1,536	2,139
2035	78	73	41	39	371	240	1,574	2,185
2036	79	74	42	40	378	240	1,613	2,232
2037	80	75	43	41	386	240	1,654	2,380
2038	81	76	44	42	394	240	1,695	2,329
2039	82	77	45	43	402	240	1,737	2,379
2040	83	78	46	44	410	240	1,781	2,431
2041	84	79	47	45	418	240	1,825	2,483
2042	85	80	48	46	426	240	1,871	2,537

주석:
- 프랜차이즈 창업 소득 400만 원 평균
- 국민연금 27년 납부 월 74만 원 기준
- 국민연금
- 6~7년 사업 후 권리금 반환받고 현금 유입

물가 상승률 3% 사업소득 상승률 3%
지출 직전 6개월 지출 적용/ 자녀 1학기 대학등록금 500만 원 + 대학생 용돈 20만 원

2013년 2월 기준 (단위: 만 원)

연간비용						연간수지	현금보유액
생활비	교육비1	교육비2	저축	보장보험	비용계		3%
2,238	909	909	180	210	4,445	23,155	23,502
4,610	1,389	945	360	360	7,664	−2,664	21,503
4,749	1,459	983	360	360	7,910	−2,810	19,296
4,891	1,532	1,532	360	360	8,674	−3,472	16,351
5,038	1,608	1,608	360	360	8,974	−3,668	13,118
5,189		1,689	360	360	7,597	−2,185	11,294
5,345		1,773		240	7,358	−777	10,844
5,505				240	5,745	10,342	21,667
5,670				240	5,910	−4,796	17,449
5,840				240	6,080	−4,698	13,203
6,015	결혼			120	6,135	−4,725	8,803
6,196	5,000	결혼		120	11,316	−9,876	−957
3,422		5,000		120	8,542	−7,072	−8,165
3,524				120	3,644	−2,144	−10,585
3,630				120	3,750	−2,218	−13,154
3,739				120	3,859	−1,972	−15,550
3,851				120	3,971	−2,045	−18,092
3,967				120	4,087	−2,120	−20,786
4,086				120	4,206	−2,197	−23,640
4,208				120	4,328	−2,277	−26,660
4,335				120	4,455	−2,360	−29,885
4,465				120	4,585	−2,445	−33,233
4,599					4,599	−2,414	−36,679
4,737					4,737	−2,505	−40,322
4,879					4,879	−2,599	−44,170
5,025					5,025	−2,696	−48,232
5,176					5,176	−2,797	−51,028
5,331					5,331	−2,901	−53,929
5,491					5,491	−3,008	−56,937
5,656					5,656	−3,119	−60,055

※ 현재 가치로 매월 200만 원 기준

수입 프랜차이즈 사업소득 월 400만 원 예상 / 기초연금 20만 원(현재 가치)
개인연금 20만 원 / 국민연금 74만 원(27년 납부 기준)

표2 나를 만날 당시 동수의 가계수지 분석

(단위: 만 원)

현금 유입		현금 유출	
남편	0	주거생활비	50
아내	0	식비 및 외식비	100
금융소득	0	교통비	15
		통신비	23
		의료비	5
		문화생활비	20
		가족 용돈	80
		공공보험 지역	0
		비정기 지출	80
		자녀 교육비	150
		보장성 보험료	30
		저축(연금보험)	30
현금 유입 계	0	현금 유출 계	583
		잉여자금	-583

재무상태 분석

(단위: 만 원)

자산		부채 및 자산	
전세 보증금	30,000		
퇴직금 현금자산	25,000		
총자산	55,000	총부채	0
		순자산	55,000

노후자금으로 활용할 수 있게 된다. 동수는 "24평으로 이사 가자고 하면 우리 마누라나 애들이 가만 안 있을 텐데…"라며 걱정을 했다. 하지만 나는 동수네 가족 전체의 미래가 달린 문제이니 가족들한테 솔직하게 말하고 협조를 구하라고 했다. 당장은 좁을지 몰라도 살다 보면 다

표3 동수의 노후자금 솔루션 가계수지 분석

(단위: 만 원)

현금 유입		현금 유출	
남편	200	주거생활비	30
아내	100	식비 및 외식비	60
금융소득	120	교통비	15
		통신비	20
		의료비	5
		가족 용돈	40
		비정기 지출	40
		자녀 교육비	150
		보장성 보험료	30
		저축(연금보험)	30
현금 유입 계	**420**	**현금 유출 계**	**420**
		잉여자금	0

재무상태 분석

(단위: 만 원)

자산		부채 및 자산	
녹번동 아파트	25,000		
현금자산	30,000		
총자산	**55,000**	총부채	0
		순자산	55,000

적응하게 되고, 자녀들이 결혼하고 나면 노후에는 부부만 남게 된다. 그땐 그 집도 넓게 느껴질 수 있다.

　마지막으로 나는 동수에게 가장 중요한 이야기를 꺼냈다. 동수가 이 고비를 넘길 열쇠가 될 내용이었다. 바로 아내의 도움을 구하는 일이었다. 정년퇴직을 한 동수가 혼자 300만 원을 버는 것은 힘들다. 그러므로 아내의 도움이 꼭 필요하다. 내가 말을 꺼내는 순간 동수는 펄쩍 뛰듯이 손사래를 쳤다.

"내가 그 얘기 하면 아마 우리 마누라가 날 죽이려고 할 거야. 그리고 이제껏 살림만 하던 마누라가 이제 와서 뭘 할 수 있겠어? 말도 안 돼!"

많은 정년퇴직자들이 동수처럼 생각한다. 평생 남편이 갖다 주는 월급으로 살림만 하던 아내가 이제 와서 무얼 할 수 있겠는가 하며 생각지도 않고 덮어두는 것이다. 하지만 노후에는 남자들보다 여자들이 할 수 있는 일이 훨씬 더 많다. 아이돌보미나 가사도우미, 대형마트 계산원 등 여자들은 맘만 먹으면 얼마든지 쉽게 일자리를 구할 수 있다. 하지만 문제는 아내가 모든 체면을 던져버리고 남편을 도와 일을 시작할 수 있는가이다. 직장에서 승승장구하는 남편 덕에 자녀들 교육에만 신경 쓰며 안정되게 살아온 아내들이 아닌가. 동수 같은 젊은 정년퇴직자들이 넘어야 할 큰 산이다. 특히 아내, 자녀들과 대화 없이 일만 바라보며 살아온 남자들에게 아내를 설득하는 문제는 태산처럼 높게 느껴질 수밖에 없다.

또한 아내를 설득하기 위해선 먼저 아내에게 그런 요청을 할 만큼 무능력해진 자신을 받아들여야 한다. 그렇기 때문에 남자에게는 가장의 권위를 사장시키는 죽음처럼 힘든 과정이다. 하지만 이 순간에 남편은 냉철한 판단을 해야만 한다. 앞으로 10년 동안 힘 있을 때 자신과 아내가 열심히 벌어서 이후 20~30년의 긴 세월을 따뜻하게 보낼 것인가? 아니면 지금 체면을 세우고 버티다가 막다른 골목에 다다랐을 때 폐휴지를 모으면서 은퇴빈곤층으로 살아갈 것인가? 둘 중에 하나를 선택해야 한다.

사람들은 이런 얘기를 하면 지나친 비약이라며 손을 내젓는다. 설마 자신에게 그런 불행이 닥칠 것이라고 상상조차 하기 싫은 것이다. 하지만 지금 은퇴빈곤층으로 살고 있는 노인 중에서 젊은 시절에 자신이 그렇게 살아갈 것이라고 예상한 사람은 없다. 자식이 보살펴줄 것이라고 기대했고, 어떤 식으로든 노후에 잘 살 수 있을 것이라고 생각한 사람들이 대부분이다. 하지만 안타깝게도 우리가 살아가야 할 노후는 북풍한설이 몰아치는 차가운 겨울이다.

10년 후 월 300만 원의 생활비를 준비한 비결

내 설명을 듣고 난 동수의 얼굴이 다시금 침울해졌다. 하지만 더 이상 도망칠 수 없는 막다른 골목에 서 있는 절박함이 동수에게 결연한 의지를 갖게 해준 모양이다. 결국 동수는 아내에게 말을 꺼내보겠다고 했다. 나는 동수에게 가까운 제주도라도 같이 여행을 가서 말하라고 조언했다. 여행을 가면 부부가 좀 더 편안한 분위기에서 이야기할 수 있으니 말이다.

동수는 "우리 마누라는 해외여행 아니면 좋아하지도 않을 거야. 그래도 얘기는 해볼게" 하며 어려운 숙제를 받아 든 어린아이처럼 어깨를 축 늘어뜨린 채 나갔다. 평생 가족을 위해 달려온 가장의 모습이라고 하기엔 참 애처로웠다. 동수는 지금 중요한 선택의 갈림길에 서 있다. 지금부터 10년 동안 동수와 아내가 자존심을 내려놓고 각자 직업을 구해서 300만 원 정도의 수입을 만들면 안정된 노후를 지킬 수 있다.

그리고 퇴직금은 안정적인 수익을 낼 수 있는 금융 상품에 넣어 원금은 유지하면서 생활비에 보탬이 되도록 설계했다. 먼저 2억5,000만 원 중에서 1억 원은 6% 정도의 수익률을 낼 수 있는 월 지급식 ELS(주가연계증권)에 넣고, 1억 원은 글로벌 채권에 넣는다. 나머지 5,000만 원은 집을 사고 남은 금액 5,000만 원과 더해서 정기예금에 넣게 했다. 그러면 매월 120만 원 정도의 금융소득이 발생한다. 여기에 동수와 아내가 월 300만 원을 벌면 총 420만 원으로 생활비를 충분히 충당할 수 있게 된다.

이렇게 되면 여행이나 다른 취미생활까지 즐길 수 있는 양호한 재무 구조를 갖출 수 있다. 그러므로 지금 단기간 동안 하는 이 고생은 먼 미래를 놓고 보면 충분히 의미가 있는 고생인 것이다. 하지만 동수가 퇴직금으로 다른 사업을 하거나 직장을 구하지 못한 채 생활비로 사용하게 된다면 10년 후에는 가진 자산을 모두 소진한 채 그야말로 빈손으로 암담한 노후를 맞게 된다. 문제는 동수의 아내가 얼마나 이러한 상황을 이해하고 남편의 뜻에 같이 협력하느냐에 달려 있었다.

몇 달 후, 동수는 아내와 함께 나를 찾아왔다. 기다리던 순간이었다. 그동안 동수에게는 많은 일들이 있었다. 유럽 여행을 기대했던 아내의 핀잔을 받으며 함께 제주도 여행을 갔고, 나의 조언대로 아내에게 자신의 상황을 솔직하게 털어놓고 일자리를 구해서 같이 돈을 벌자고 부탁했다. 남편의 어이없는 부탁에 아내는 불같이 화를 내고 그대로 비행기를 타고 집으로 돌아와 버렸다고 한다. 그 후 동수는 아내와 각방을 쓰며 아내의 비난과 조롱을 고스란히 받아내야만 했다.

동수는 눈높이를 최대한 낮춰서 일자리를 찾다가 다행히 중소기업 경리부장으로 재취업을 하게 되었다. 집에서 차로는 한 시간 거리였지만 동수는 유류비를 아끼겠다고 지하철로 한 시간 반을 다녔다. 게다가 월급은 월 200만 원으로 예전에 받던 월급의 절반도 안 되는 금액이었지만 동수는 그저 감사할 뿐이었다. 신입사원처럼 일찍 출근하고 늦게 퇴근했다. 아내는 박봉을 받고 그 멀리까지 출근하는 동수를 착잡하게 지켜보았다.

어느 날, 아픈 몸을 이끌고 일하러 나가는 동수의 모습을 보던 아내의 마음이 움직였다. '잘나가던 남편이 저렇게까지 하는 이유가 뭘까?' 하는 생각이 든 것이다. 아내는 동수에게 "당신을 이렇게 변하게 만든 그 친구가 대체 누구야?" 하고 물었고, 동수는 그 기회를 놓치지 않고 아내를 데리고 나를 만나러 온 것이다. 나는 동수의 아내에게 동수에게 했던 대로 현금흐름표와 재무분석표를 보여주며 설명을 했다. 동수의 아내는 설명을 다 듣고 이런 상황도 모르고 그동안 동수를 오해하며 미워했던 자신이 한심하다며 눈물로 사과했다.

동수 부부는 내가 준 솔루션을 충실히 이행했다. 활달한 성격의 동수 아내는 친구 가게 일을 도와주면서 월 100만 원 정도의 수입을 만들었고, 24평형 아파트로 이사도 했다. 이렇게 함으로써 동수 가정은 안정된 노후 대책의 기반을 마련하게 됐다. 동수와 아내는 7년 후부터는 일을 하지 않고도 노후자금을 마련할 수 있게 된다. 7년 뒤가 되면 자녀들이 모두 대학을 졸업하게 되어 교육비 지출이 없다. 그리고 만약 7년 후에도 아내 친구의 가게에서 계속 일할 수 있으면 100만 원(현재 가치 기준)을 받고 몇 년 더 일하는 것도 나쁘지 않다. 7년 후 아내 나이 58세, 동수 나이 63세이니 동수 또한 경제 관련 소일거리를 더 찾아볼 수도 있다. 나는 '어린이 경제교실 강사, 노인복지관 경제 관련 강사' 쪽으로 몇 년 더 일하는 것도 재정적으로나 삶의 의미를 찾는 면에서 좋겠다고 권유했다. 7년 후 부부 생활비는 250만 원 정도면 되고 그때는 국민연금도 나오니 부부가 좋아하는 일을 하면서 월 150만 원만 벌어도 금융소득과 함께 경제적으로 풍요로운 노후를 보낼 수 있게 된다.

이렇게 10년을 보내고 완전 은퇴 시기를 2023년으로 잡았다. 동수 나이 67세, 아내 나이 62세다. 10년 전 전세금 3억 원을 빼 녹번동에 2억5,000만 원으로 내 집 마련을 하고 남은 5,000만 원과 퇴직금 2억5,000만 원을 더해 3억 원을 잘 운용하고 관리해서 그 이자로 생활비를 마련해왔다. 10년 후 동수의 자산은 24평 아파트 2억5,000만 원(현재가치 기준)과 현금 2억 원이 될 것이다. 10년 동안 자녀 결혼 비용으로 한 자녀당 3,000만 원씩 6,000만 원, 자동차 구매 비용으로 3,000만 원을 쓰고 예비비로 1,000만 원을 쓸 것으로 보아 2억 원이 동수의 가처분 현금이 될 것으로 계산한 것이다.

이렇게 되면 동수는 10년 후 노후자금으로 월 300만 원이 준비된다. 이는 한국의 평균 노후 생활비 기준으로 여유로운 금액에 해당되고, 동수의 예상 필요액 270만 원보다도 더 많은 금액이다.

〈표4〉에서 보듯이 24평형 집에서 주택연금 74만 원, 국민연금 99만 원이 준비된다. 국민연금은 납부 기간이 중요한데 퇴직 당시 동수의 연금 납부 기간은 27년이었다. 동수의 생각대로 창업을 했다가 만약 잘못되면 국민연금도 계속 납부하기가 쉽지 않다. 하지만 동수가 중소기업에 재취업해 5년 정도 더 납부하고 다른 일을 통해 연금 수령 시기를 2~3년 늦춘다면 국민연금 납부 기간은 27년에서 35년으로 늘어나게 되고 훨씬 더 많이 수령할 수 있다. 만약 동수가 27년 납부하고 62세부터 국민연금을 받았다면 월 74만 원으로 월 25만 원이나 차이가 난다.

그동안 잘 지켰던 퇴직금 2억 원 중 1억 원은 월 지급식 채권이나 지수형 ELS에 넣어 금융소득 50만 원을 만든다. 목돈이 있으면 자녀들에게 빼앗길 상황이 올 수도 있으니 1억 원은 아내 명의로 일시납 연금에 가입하여 40만 원, 개인연금 20만 원, 기초연금 20만 원으로 모두 300만 원 정도를 확보할 수 있게 된다. 270만 원을 충분히 사용하고도 30만 원 정도가 남는다. 만약 이들 부부가 10년 동안 좀 더 아끼고 본인의 일을 통해 저축을 할 수 있으면 10년 후 주택연금을 받지 않고도 기

표4 10년 후(동수 67세, 아내 62세) 동수의 은퇴자금 마련 계획표

(단위: 만 원)

현금 유입		현금 유출	
국민연금	99	주거생활비	20
주택연금	74	식비 및 외식비	60
개인연금	20	교통비	15
금융소득(1억 투자)	50	통신비	15
일시납 연금(1억)	40	의료비	20
기초연금	20	문화생활비	10
		부부 용돈	60
		비정기 지출	50
		보장성 보험료	20
현금 유입 계	303	현금 유출 계	270
		잉여자금	33

10년 후를 미래 가치로 계산하지 않고 이해하기 쉽게 현재(2013년) 가치로 계산했다.

본적인 노후 생활비를 준비할 수 있다.

　　동수 부부는 이사를 하면서 아이들에게 재무 상태를 솔직하게 털어놓았다. 아이들은 아버지가 신입사원 수준의 월급을 받으며 일하고, 엄마도 일을 나가야만 하는 상황에 놀라고 슬퍼했다. 그러나 그렇게 하는 것이 나락으로 떨어지는 것이 아니라 희망으로 가는 길이라는 설명에 곧 안도하고 현실을 받아들였다. 동수의 걱정과 달리 집이 좁아지자 가족이 얼굴을 맞대고 대화할 수 있는 시간이 많아졌다. 어려운 형편 속에서 가족들은 자신도 모르는 사이에 끈끈한 가족의 정을 느끼며 하나로 뭉칠 수 있었다. 가장 달라진 것은 아이들의 태도였다. 그 전

까지는 아버지가 벌어다 주는 돈을 당연하게 여기며 펑펑 쓰면서도 툴툴거리던 아이들이 고생하는 아버지를 위해 커피도 타주는 기특한 딸들로 바뀐 것이다.

마냥 부모에게 기대려고만 했던 딸들은 자신들의 진로에 대해서 더욱 진지하게 고민하게 됐다. 큰딸은 눈을 조금 낮추어 전액 장학금을 받고 들어갈 수 있는 대학을 선택했다. 대학에 진학한 후에도 스스로 아르바이트를 해서 용돈을 벌어 쓸 계획이다. 작은딸도 본인에게 맞는 적성을 찾아 전문대에서 원하는 학과를 선택하려고 준비 중이다. 동수는 이런 딸들의 변화가 동수 자신이 현실을 겸허하게 받아들이고 노력한 것에 대한 하늘의 선물처럼 느껴진다고 했다. 자칫 잘못된 선택으로 비참한 노후를 맞이할 수도 있었던 동수는 현명한 선택과 실천을 통해서 돈 걱정 없는 노후를 살 수 있게 되었다.

3 노후, 내가 문제가 아니라 구조의 문제다

무한경쟁의 신자유주의가 만든 것

우리의 삶이 뒤바뀔 수 있음에도 불구하고, 우리 주변에서 일어나는 경제적 환경이나 변화를 전체적으로 이해하고 통찰하는 사람은 그리 많지 않다. 불안한 우리의 미래를 준비하는 데 가장 좋은 방법은 과거를 올바로 읽고, 현재를 정확히 보고, 미래를 함께 그려가는 것이다. 외벌이 450만 원으로는 가정을 지키기가 너무나 힘든 가장의 축 처진 어깨를 그저 다독이며 위로하기에는 우리가 맞이해야 할 가혹한 미래가 코앞에 다가와 있기 때문이다.

열심히 살았는데도 매월 적자에 빚은 늘어나고 노후 준비도 안 되는 이 현실은 개인의 무능력이나 불성실함이 아니라 경제 구조적인 관점에서 봐야 한다. 신자유주의에 대해서 언급하는 이유다. 국내나 세계의 경제 흐름은 신자유주의를 빼놓고는 설명할 길이 없기 때문이다.

신자유주의란 한마디로 국가 권력의 주도적인 시장 개입을 막고, 시장 경쟁의 자유화를 주장하는 이론이다. 한마디로 정부에서 이것저것 간섭해서 국가 경제를 이끌어가는 것이 아니라, 시장의 흐름에 자유롭게 맡겨두자는 것이다. 자유무역과 국제적 분업, 시장 개방이 이루어졌고, 세계화·자유화 같은 용어들이 신자유주의를 토대로 대두되었다. 그렇다고 해서 국가 권력의 시장 개입을 완전히 부정한 것은 아니다. 꼭 필요한 위기 상황 때 소극적인 정부의 개입은 인정하지만, 국가 권력이 시장에 전면적으로 개입하는 것은 경제의 효율성과 형평성을 악화시킨다는 주장이다.

신자유주의는 경쟁력 있는 자만 살아남게 되는 무한경쟁 사회를 만들었다. 가치가 있는 일이나 산업이어도 경쟁력이 떨어지면 도태되게 만든 것이다. 그러다 보니 모든 분야에서 1위 기업만이 살아남는 강자 독식 사회가 되어버렸다. 있는 사람들은 더 쉽게 돈을 벌고, 없는 사람들은 빈곤층으로 추락하는 사회. 중산층이 점점 몰락하기 시작한 것이

다. 1위 기업들은 점점 더 좋은 제품을 생산했다. 제품의 수요가 포화에 이르자 제품의 수명 주기를 단축시켜 계속 새 제품을 사도록 마케팅을 하며 그것이 가장 쿨한 라이프스타일임을 광고했다. 우리의 소비수준이 올라가는 주범이기도 하다. 이것이 나라의 경계를 넘어 글로벌 차원에서 진행됐다. 그리고 이렇게 벌어들인 막대한 이윤은 1위 기업의 소수 주주들에게 돌아가게 되었다.

신자유주의 이론을 좀 더 폭넓게 이해하기 위해서는 미국의 시대적인 상황과 변화를 이해할 필요가 있다. 신자유주의 이론은 미국에서 정부의 적극적인 시장 개입을 주장했던 케인스학파에 대한 반동으로 생겨났다. 1929년 미국 대공황으로 인해 세계가 몸살을 앓을 때, 미국에는 심각한 실업난과 경기 불황이 밀어닥쳤다. 케인스학파는 "국가가 적극적으로 관여해서 정부 지출이나 화폐 공급 등을 늘림으로써 경제를 살려야 한다"고 주장했다. 그런 주장이 힘을 얻기 시작하면서 미국 루스벨트 대통령은 국가가 관여한 '뉴딜 정책'을 펴서 경제를 살렸고, 케인스 경제학은 제1차 세계대전 이후 많은 나라들의 경제 정책에 이론적 기초를 제공했다. 미국뿐만 아니라 영국 등 선진 국가들도 케인스 이론을 도입한 수정자본주의를 채택하게 된다. 그 중심 내용은 정부가 시장에 적극적으로 개입하여 소득 평준화와 완전고용을 이룸으로써 복지국가를 지향한다는 것이었다. 그 후 1970년대 오일쇼크가 있기 전까지 40년 가까이 케인스학파는 전성기를 누렸다.

하지만 1970년대 이후 세계적인 불황이 계속되면서 이에 대한 반론이 시카고학파로 대표되는 신자유주의자들에 의해 제기되었다. 신자유주의자들은 미국을 잠식한 장기적인 스태그플레이션은 케인스의 수정자본주의 이론에 기반을 둔 경제 정책의 실패라고 지적했다. 그리고 경제적 자유방임주의에 의한 자유 시장과 규제 완화, 국제금융의 자유화 등을 주창했다. 또한 신자유주의가 공공복지 제도를 확대함으로써 정부 재정에 압박을 가하고, 국민들의 근로 의욕을 감소시키는 이른바 '복지병'을 가져온다고 주장했다.

다시 말해서 국가에서 복지 제도를 잘 만들기 위해서는 돈이 많이 드는데, 그것이 국민들을 놀고먹게 만들고 더 나태하게 만든다는 얘기다. 신자유주의자들의 주장은 닉슨 행정부의 경제 정책에 반영되었고, 이른바 레이거노믹스Reaganomics의 근간이 되었다. 레이거노믹스는 레이건 대통령이 내세운 경제 개혁 프로그램으로, 정부 지출을 삭감하고 세금을 줄였으며 부담스럽고 효과 없는 정부 규제를 없애거나 완화했다. 부자들에게 날개를 달아준 것이다.

신자유주의의 도입에 따라 케인스 이론에서의 완전고용은 노동

시장의 유연화란 명목으로 해체되었고, 그 때문에 실업자가 늘어났다. 또한 세금 감면과 공기업 민영화 등으로 정부가 관장하거나 보조해오던 영역들이 민간에 넘어갔다. 결국 신자유주의는 자유방임 경제를 외치면서 경쟁 시장을 만들어 국가 경쟁력을 강화하는 긍정적 효과를 가져왔지만, 경기 불황과 높은 실업률, 그로 인한 빈부 격차의 확대, 시장 개방 압력으로 인한 선진국과 후진국 간의 갈등 초래라는 부정적인 대가를 치르게 만들었다.

우리나라, IMF 이후 신자유주의 영향권 아래에

우리나라도 IMF 이후 신자유주의 영향으로 많은 변화가 생겼다. 시장 자유화에 힘입어 부동산 가격이 폭등했고, 물가는 오르는데 노동임금은 물가를 따라잡을 수 없는 힘든 현실 속에서 중산층이 무너졌으며, 빈부의 격차는 더욱 커지게 되었다. 부동산을 사둔 부자들은 하루아침에 벼락부자가 되었지만, 가난한 사회 초년생들은 아무리 열심히 저축을 해도 집을 장만하기가 하늘의 별 따기처럼 되어버렸다. 기업에 구조 조정의 칼바람이 몰아치면서 평생직장의 개념이 사라져버렸고, 많은 정규직이 해고되면서 비정규직이 늘어났다. 그와 함께 월평균 88만 원을 받는 20대 비정규직을 일컫는 '88세대'라는 신조어도 생겨나게 되었다. 대기업의 팽창으로 중소기업은 점점 설 자리를 잃어가면서 많은 젊은이들은 안정적인 대기업으로 몰리게 되었고, 그와 함께 대기업이 원하는 스펙의 기준은 점점 다양하고 높아졌다. 2013년 서울시가 9급 공무원을 1,297명 선발하는데, 11만393명이 지원해서 85.1 대 1의 경쟁률을 기록했다. 그만큼 대부분의 젊은이들이 새로운 분야에 도전하기보다는 안정된 직장을 선호하게 된 것이다. 그에 비해 중소기업은 인력난에 허덕이는 기이한 현상이 벌어졌다. 기업에서도 부익부 빈익빈 현상이 벌어진 것이다.

교육과 학교가 상품화되면서 사교육비가 천정부지로 치솟아 부모들의 허리를 휘게 만들었고, 그것도 모자라 스펙 위주의 사회에 적응시키기 위해 자녀를 유학이나 해외 어학연수를 보내는 게 유행처럼 번졌다. 자연히 부모의 교육비 부담은 더욱 가중되었다. 또한 치열한 취업 전쟁에서 낙오된 젊은이들이 점점 늘어나면서 나이가 들어도 독립하지 않고 부모에게 의지해 살아가는 '캥거루족'들이 생겨났다. 젊은이들이 결혼을 미루거나 아예 포기하면서 출산율은 떨어지게 됐고, 그 영향으로 고령화 사회는 한층 더 빨리 다가오게 됐다.

부익부 빈익빈의 신자유주의 영향으로 가장 덕을 보게 된 대기업은 몸집 불리기에 혈안이 되어 시장의 전 업종을 잠식하기에 이르렀

고, 이제는 구멍가게 같은 자영업자들의 영역까지 침범해서 자영업자들의 목줄을 조이고 있다. 게다가 경영진들의 실책으로 무너질 위기에 처한 대기업을 국가가 나서서 구해주는 사태가 벌어지기도 했다. 결국 부유층의 실책을 서민들의 고혈인 세금으로 막아주는 웃지 못할 상황이 벌어진 것이다.

대기업의 몸집 부풀리기는 신자유주의가 들어오기 전, 박정희 전 대통령 시대부터 시작됐다고 볼 수 있다. 경제를 살리기 위한 처방책을 국가 정책의 최우선으로 삼았기 때문이다. 즉, 경제가 모든 가치관의 정점을 차지하면서 돈이면 최고라는 물질만능주의가 국민들의 가치관이 되어버렸다. 정경유착으로 인한 대기업 특혜 주기의 관행은 신자유주의에서 대기업의 독식을 국가가 도와주고 눈감아주는 양상으로 이어진다.

신자유주의 영향으로 걷잡을 수 없이 오른 부동산 가격과 물가, 노동임금의 상승은 대기업들로 하여금 해외로 눈을 돌리게 만들었다. 그로 인해 국내 시장은 고용 감소, 가계소득 감소, 소비 심리 위축이라는 악순환 고리에서 허덕인다. 우리나라 경제는 청년 실업, 경기 불황 등의 문제 앞에서 좌충우돌하며 그 모든 대가를 고스란히 소상공인, 자영업자, 서민들이 힘겹게 감당하고 있다. 아무리 열심히 벌어도 자녀의 사교육비와 오르는 물가를 감당하기도 힘겨운 서민들은 노후 대책을 세울 겨를도 없이 헐떡이며 달리다가 어느 날, 정년퇴직이라는 벼랑 끝에 서게 되는 것이다.

겉보기에 화려한 경제 성장은 최신 스마트폰이나 비싼 외식 같은 풍조를 일상으로 만들어놨고, 각종 드라마와 광고는 소비를 통해서 자존감을 회복하라며 소비자들의 욕구를 부추기고 있다. 이렇듯 국민들의 참조틀|소비 기준, 물건을 살 때 기준이 되는 사회적 인식의 틀|은 하루가 다르게 높아만 가는데 경기 불황으로 이어지는 암담한 현실은 가계 부채를 늘리는 악순환 속에서 끊임없이 중산층을 빈곤층으로 끌어내리고 있다.

높은 GDP에도 불구하고 우리 국민들의 삶의 질과 만족도는 낮아지고, OECD 국가 중 자살률 1위라는 현실 속에서 정년퇴직한 노령인구의 재취업은 누구도 돌아보고 싶지 않은 우리 사회의 어두운 그림자가 되어버렸다. 게다가 복지 정책에 국가가 돈을 쏟아붓는 것은 국민을 나태하게 만든다고 외치는 신자유주의 물결 속에서 우리의 노후를 지켜나갈 수 있는 방법은 과연 무엇일까? 해결책이 모호한 미래의 거대한 장벽 앞에서 우리는 지금 어떤 선택을 해야만 할 것인가? 고심해볼 문제다.

월 450만 원을 벌어도 부족하다

저녁 늦게 지친 기색으로 40대 초반의 부부가 상담을 하러 왔다. 자세한 재무 상황을 들어보니 수도권에 32평 아파트를 소유하고 있는데, 6,000만 원의 대출이 있는 상태였다. 남편의 연봉은 세전 6,500만 원으로, 세후 평균 급여는 450만 원이었다. 자녀는 아들 둘인데, 큰아들이 중2, 작은아들이 초등학교 5학년이었다. 부부는 "내 집 마련은 했지만 아직 대출도 남아 있고 이제부터 자녀 교육비가 들어가기 시작하는데 매월 450만 원을 벌어서는 저축할 돈이 없다"며 상담 내내 한숨을 내쉬었다. 부부가 내쉬는 한숨 속에는 미래에 대한 불안감이 고스란히 녹아 있었다.

〈표5〉는 부부의 가계수지 분석표다. 한창 성장기인 아들 둘이 있어서 식비·외식비가 50만 원으로 책정되어 있는데 부족한 형편이다. 사실 50만 원이면 기본 주식, 부식비를 제외하고 제철 과일도 쉽게 먹을 수 없는 금액이다. 외식도 자제해야 한다. 4인 가족이 모두 스마트폰을 갖고 있으므로 통신비 18만 원은 그리 많은 액수는 아니다. 가족 용돈 중에서 노후 준비가 전혀 안 되어 있는 데다 지병까지 앓고 계신 양가 부모님께 20만 원씩 40만 원을 드리고 나면 남편은 30만 원, 아내는 10만 원으로 한 달을 살아야 한다.

표5 40대 초반 외벌이 부부 가계수지 분석

2013년 7월 기준 (단위: 만 원)

현금 유입		현금 유출	
남편	450	주거생활비	25
아내	0	식비 및 외식비	50
		교통비	16
		통신비	18
		의료비	7
		가족 용돈	80
		비정기 지출	45
		모임 회비 및 교제비	10
		자녀 교육비	80
		보장성 보험료	32
		금융 비용	41
		소득공제 연금보험	34
현금 유입 계	450	현금 유출 계	438
		잉여자금	12

    자녀 교육비 80만 원(작은아들 30만 원, 큰아들 50만 원)도 주변 이웃들에 비하면 평균 정도의 지출이다. 3억 원대 아파트를 구입하면서 6,000만 원 정도 대출을 끼고 있는 것 또한 우리나라 현실에 비춰볼 때 일반적인 상황이고, 보험료 30만 원도 보통 수준이다. 비정기 지출 45만 원은 1년 동안 이 가정이 지출하는 모든 비정기 지출의 평균이다. 명절, 부모님 생신, 자동차 보험료, 휴가, 여행, 4인 가족 피복비(옷, 구두, 화장품, 가방 등), 각종 세금 등을 1년 동안 합하면 550만 원은 쉽게 넘어간다.

매월 40만 원 남짓 잉여자금이 생기지만 소득공제 연금저축보험을 내고 나면 결국 10만 원 정도가 남는다. 부부는 450만 원을 벌어서 먹고 싶은 것도 맘껏 못 먹으면서 아이들 교육도 최소한만 시키는데, 급여가 들어오고 며칠이 지나면 썰물 빠지듯 돈이 빠져나간다고 한탄했다. 그 이후에는 카드로 겨우겨우 한 달을 빠듯하게 산다는 것이다. 세전 연봉 6,500만 원, 월 급여 450만 원이면 보건복지부에서 내놓은 2012년 기준 4인 가족의 월평균 소득인 438만7,000원보다 많은 금액이다. 하지만 언제부턴가 중학생 자녀를 둔 40대 가장의 월 소득 450만 원은 가정에서 잉여금을 남길 수 없는 구조가 되어버렸다.

그래서 이 부부의 가정도 집에서 아이들을 돌보며 살림만 하고 있던 아내가 식당이나 마트에 나가서 일을 해야 하는지 여부를 놓고 고민하고 있었다. 마트 계산원이나 식당 보조로 하루 8시간을 일하면 월 120만 원 정도를 받는다. 물론 정규직이 아니라서 직업에 대한 안정성은 보장받지 못한다. 그런데 문제는 120만 원을 더 벌게 된다고 해도 대부분 가정에서는 자녀 교육비에 다시 투자하게 되어 몇 년이 지나면 또다시 돈이 부족하게 된다는 것이다. 중학생 자녀를 둔 40대 초반의 가장이 600만 원 이상을 벌어 와야 겨우 학자금과 노후자금을 준비할 수 있다. 그런데 월 600만 원을 벌기가 어디 쉬운 일인가? 대체 어디서부터 무엇이 잘못된 것일까?

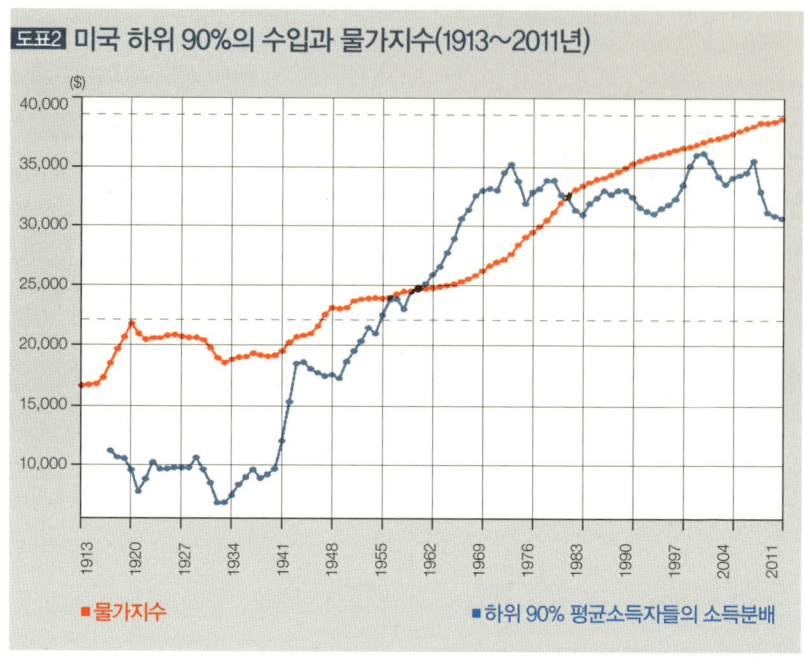

　〈도표2〉는 하위 90% 평균소득|자본이득 포함|자들의 소득분배|파란색 선|와 물가지수|빨간색 선|표이다. 앞에서도 얘기했지만 미국의 대공황으로 뉴딜 정책이 미국 경제 성장의 호황기였던 1940년부터 1973년 1차 오일쇼크가 일어날 때까지 하위 90%의 소득률은 계속 올라 물가를 따라잡을 수 있었다. 하지만 두 번의 오일쇼크와 신자유주의 경제 체제하에서 파란색, 즉 하위 90%의 소득 점유율은 물가를 따라잡기가 힘들어졌다.

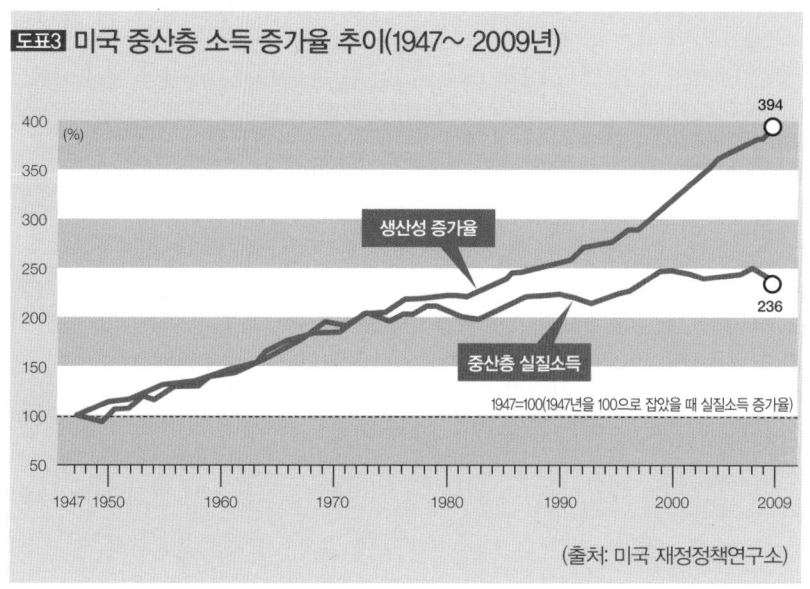

도표3 미국 중산층 소득 증가율 추이(1947~2009년)

(출처: 미국 재정정책연구소)

그 사실은 〈도표3〉을 보면 더욱 명확해진다. 1980년 신자유주의 경제 정책이 시행되면서 미국 경제는 계속해서 생산성 증가를 이뤄냈지만, 거기에 비해 중산층의 실질소득은 오르지 않았다. 그리고 1980~1990년대 신자유주의 1차 세대는 부동산과 주식으로 큰돈을 벌었다. 알고 투자했든 모르고 했든 간에 무조건 내 집이라고 아파트를 갖고 있으면 몇 배가 올랐고 주식이나 펀드 또한 상당한 수익을 냈다. 하지만 신자유주의 정책이 시작된 지 30년이 지난 지금은 이미 오른 자산 가치로 인해 그 자녀 세대인 청년들은 88만 원 세대로 전락하게 되었다.

청년들은 받은 월급을 아무리 열심히 모아도 결혼할 때 전셋집 조차 마련하지 못하는 현실 속에서 목돈을 대출해야만 했고, 30~40대 가장들은 자녀 교육비에 엄청난 돈을 투자하면서 적자 인생으로 허우적거리며 살게 되었다. 결국 국가는 돈을 벌고 기업도 돈을 벌어서 우리는 잘사는 나라가 되었지만, 정작 중간에 낀 국민들은 외벌이 수입으로는 변하는 현실을 쫓아가기도 힘든 구조가 되어버렸다. 많은 국민들이 적자 인생에 허덕이며 빚쟁이가 되어버린 것이다.

2000년 이후 이런 상황이 계속되면서 그 갭을 메우기 위해 드디어 집에서 살림만 하던 주부들이 사회로 나오기 시작했다. 즉, 외벌이 가장의 소득으로는 도저히 살 수 없게 된 현실 속에서 아내들까지 취업 전선에 뛰어드는 맞벌이 사회로 전환되기 시작한 것이다. 하지만 문제는 맞벌이를 한다고 해서 가정에서 필요한 모든 것들이 충족되지 않는다는 사실이다.

맞벌이의 함정

1970년 외벌이 가정보다 2010년 맞벌이 가정이 더 가난한 것이 우리가 당면한 현실이다. 신자유주의로 인해 중산층의 실제 소득이 오

르지 않았음에도 불구하고 국가는 부자가 되었다. 그로 인해 국민의 참조틀은 점점 올라가면서 중산층 가정에서 지출하는 고정지출 비용이 점점 늘어났다.

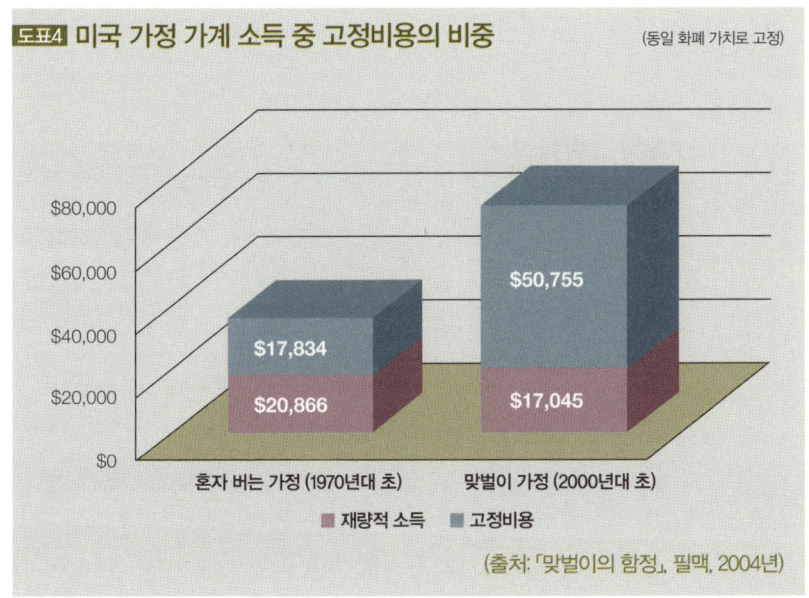

위의 도표를 보면 미국의 부모 세대는 대부분 외벌이로 가족을 부양했다. 오늘날 가치로 3,800만 원 정도를 벌어서 충분히 쓰고 50% 정도인 1,800만 원을 저축할 수 있었다. 그런데 지금은 맞벌이를 하고 있지만 이미 고정비용이 많아져서 외벌이 때보다 저축할 돈이 더 부족

한 것을 볼 수 있다. 이미 오를 대로 오른 부동산 가격에 대한 이자 비용과, 스펙을 쌓아야 하는 현실 속에서 자녀들에게 들어가는 교육비 때문이다.|미국도 부모 세대보다 지금이 자녀 교육비가 더 많이 들어간다|. 게다가 높아진 소비수준을 충족시키며 사는 것이 행복하게 사는 것이라는 잘못된 신념(?) 때문에 국민들의 주머니는 하루가 다르게 비어가는 것이다.

우리나라 국민들의 소비수준은 짧은 시간 동안 급격히 높아졌다. 골목마다 감초처럼 박혀 있던 구멍가게는 24시 편의점으로 환하게 바뀌었고, 허름한 식당들은 깔끔한 인테리어를 자랑하는 프랜차이즈 식당으로 새롭게 단장했다. 동네마다 한 끼 식사비 정도 되는 비싼 커피 전문점들이 한껏 유럽 분위기를 내며 즐비하게 생겨나서 새 옷을 갈아입은 듯 거리 풍경을 한순간에 바꿔놓았다.

강남 주변의 식당들은 가격과 인테리어 면에서 고급 호텔에 버금갈 정도로 최고급 수준으로 바뀌었고, 고급 유흥업소들도 정부의 단속을 피해 성황리에 개업, 운영되고 있다. 경기 악화로 인해 건설업이 바닥을 치고 각종 중소기업들이 문을 닫는 불황 속에서도 여전히 이러한 유흥업소들이 번성하고 있는 이유는 무엇일까? 그것은 높은 수준의 서비스를 즐기던 사람들이 경기 침체에도 불구하고 쉽게 높은 잣대를 내려놓지 못하기 때문이다. 이러한 현상은 비단 어른들에게만 해당

되는 것이 아니다.

얼마 전 딸 민수가 친구와 같이 영화를 보러 가겠다고 해서 영화 티켓을 예매해준 적이 있다. 나(김의수)는 친구의 티켓까지 아빠가 같이 예매했으니, 친구가 갖고 온 티켓값으로 둘이 분식집에서 간단한 간식을 사 먹으라고 일렀다. 그런데 영화를 보고 돌아온 딸의 말을 듣고 약간 당황했다. 중학교 2학년인 딸은 김밥집에서 떡볶이를 먹는 대신 친구에게 이끌려 커피 전문점 '카페베네'에 가서 9,000원짜리 팥빙수 한 개를 주문해서 같이 나눠 먹었다는 것이다. 아무런 경제활동을 할 수 없는 중학생의 머릿속에 벌써 비싼 커피 전문점에 들어가는 것이 자연스럽게 인식될 만큼 우리나라 사람들의 참조틀은 높게 자리매김되어 있는 것을 피부로 실감하는 순간이었다.

사정이 이렇다 보니 소비 욕구가 팽배한 대학생들은 더 말할 나위가 없다. 요즘 대학생들에게는 식사 후 유명 브랜드 커피숍에 가는 것은 당연한 코스이고, 가끔 기분을 내기 위해서는 호텔 바 정도도 출입하는 것을 자연스럽게 생각한다. 학교 내 식당도 카페테리아 수준으로 바뀌어서 가격이 예전보다 두 배 이상 높아졌다. 그러다 보니 대학생들이 아르바이트를 하는 목적이 일상생활의 소비 욕구를 충족시키기 위해서인 경우가 많다. 원하는 명품 가방이나 옷을 사기 위해 아르바이트를 하는 것은 이제 놀랄 일도 아니다.

게다가 할부가 가능한 통신기기는 수시로 최신형 제품으로 바꾸는 것도 일반적이다. 대학생들에게 휴대전화는 어른들의 자동차처럼 자신의 경제력과 현대적 감각을 과시하는 액세서리가 되어버렸다. 또한 휴대전화는 소액 결제가 가능한 카드 기능도 갖고 있다. 아직 경제력이 없는 학생들이 충동구매의 유혹에 그대로 노출되는 것이다. 얼마 전 나(백정선)는 대학생인 큰딸의 휴대전화 요금에 7만 원짜리 소액 결제 내역이 있기에 무엇을 샀는지 물어봤다. 딸은 친구들과 어울려서 자기도 모르게 충동적으로 옷을 사게 됐다며 죄송하다고 말했다. 어려서부터 비교적 경제 훈련이 철저하게 된 우리 가정의 경우도 이러니 일반적인 가정의 경우는 어떨지 쉽게 짐작할 수 있다.

강남에서 외제차를 몰고 다니면서 자신의 경제력을 은근히 과시하는 후배가 있었다. 어느 날 우연히 그의 집에 가게 되었는데, 뜻밖에도 양재동 뒷골목 허름한 빌라에서 월세로 살고 있었다. 알고 보니 후배가 사는 월세방보다 몰고 다니는 외제차가 훨씬 더 비쌌다. 실속보다 남들에게 보이기 위한 겉치레에 더 신경을 쓰는 사람들이 주변에서 심심찮게 발견된다. 그런데 문제는 우리 가족 구성원 안에 이런 가치관을 가진 사람이 있다면 가정 경제 전체가 흔들릴 수 있다는 점이다.

결혼 전 사회생활을 하다가도 자녀를 낳으면 여성들은 일을 그만두는 경우가 많다. 한 자녀일 때까지는 계속 직장생활을 해도 두 자녀가 되면 대부분 집에서 자녀를 양육하게 된다. 아이를 키운 후 여성들이 맞벌이를 위해 사회로 나가면 대부분 비정규직 일자리를 가질 수밖에 없다. 비정규직은 1년마다 재계약을 해야 하고 정규직이 누릴 수 있는 복지 혜택도 제대로 받지 못한다. 〈도표4〉에서 본 맞벌이 상태의 수입은 외벌이 때보다 두 배 이상 올랐지만 동시에 고정비용도 같이 올라서 비정규직 주부가 일을 쉬게 되면 오히려 마이너스 상태로 돌아서게 된다. 출산에 관계없이 계속 직장생활을 해서 정규직 일자리를 가지고 있어도 별반 다르지 않다. 집안일을 대신 해주고 아이들을 돌봐주는 사람에 대한 비용이 들어가는 데다, 아이들에게 미안한 마음을 돈으로 메울 때가 많기 때문이다. 게다가 주위에서 둘이 버니 여유가 있을 것이라 여겨 바라는 것도 많아 맞벌이를 해도 돈이 모자라는 것이다.

신자유주의 이전에 대부분의 가정은 가장이 돈을 벌어 오면 절반은 저축을 하면서도 빚지지 않고 살 수 있었다. 물론 좋은 집, 좋은 차, 좋은 문화적 환경은 누릴 수 없었다. 하지만 모두들 적은 수입에 맞춰 아껴 쓰면서 큰 부족함 없이 살 수 있었다. 그런데 지금의 우리들은 이전보다 높은 문화적 혜택은 누리지만 주부들이 자신의 의지와는 상관없이 현실에 떠밀려 직장에 나가야 한다. 그러면서도 가정의 저축률은 떨어지고 주부가 직장을 잃게 되면 저축할 돈이 마련되지 않아서 자녀 대학자금과 노후자금을 마련할 수 없는 상태가 된다.

노후를 더 어렵게 하는 체면 문화

참조틀은 곧 체면과 직결된다. 노후 준비를 하는 과정에서 일반적으로 사람들이 넘지 못하는 벽이 바로 체면의 벽이다. 사람들은 정년퇴직을 하기 전에 누렸던 높은 삶의 수준을 쉽게 내려놓지 못한다. 그래서 퇴직 후 보란 듯이 사업을 시작하고 싶어 한다. 많은 사람들이 퇴직금으로 사업을 시작했다가 실패하는 것도 이 때문이다.

특히 남자들은 퇴직 이후 집에 가만히 있는 것을 견디지 못한다. 자신의 일을 통해 존재감을 찾는 남자의 속성상, 일을 하지 않고 있으면 자신이 아무것도 아닌 것처럼 여겨지기 때문이다. 이 상실감이 클수록 폼 나게 뭔가를 해야 할 것 같은 강박관념에 시달리게 된다. 특히 50~60대의 노후가 힘든 것은 이 체면 의식과 매우 밀접하다.

부모는 내 아들이 다른 자녀들보다 성공해야 체면이 선다. 그래서 내 자식을 좋은 대학에 보내기 위해 비싼 사교육비를 들이고 유학을

보내는가 하면, 무리하게 대출을 해서라도 창업자금을 만들어준다. 결혼에 대해서도 예외는 아니다. 사돈집에 책잡히기 싫고 일가친척들에게 기죽기 싫어서 사치스러운 혼수품에 노후자금을 쏟아붓고, 빚을 내서라도 호텔에서 결혼식을 치른다. 그리고 30평대 아파트를 얻어줘야 체면이 선다고 생각한다.

그런데 문제는 자녀를 위해 한껏 지출하는 그 시기가 그나마 부모의 인생에서 가장 수입이 높고 사회적으로 최고의 지위에 있을 때라는 것이다. 이후 정년퇴직을 하고 연금을 받기 전의 공백 시기를 맞이하면 재정 상황은 악화 일로를 걷기 시작한다. 하지만 이때까지도 어느 정도 모아둔 자산을 믿고 삶의 수준이나 지출을 여전히 이전의 수준대로 유지하려고 하니 노후 재정은 더욱 압박을 받게 된다. 자녀들도 이제껏 부모가 제공해주던 수준을 똑같이 요구한다. 이런 경우, 가족 모두가 참조틀을 바꾸지 않는 한 그 가정은 가망 없이 표류하다가 결국 온 가족이 빈곤층으로 침몰하게 된다.

대형마트 본부장으로 일하던 친구 국진이(54세·가명)가 퇴직을 하고 나서 찾아왔다. 아내가 다행히 돈을 많이 모아놓아서 국진의 자산은 13억~14억 원 정도가 됐다. 8억 원 정도 하는 주택과 현금 5억~6억 원을 갖고 있는 것이다. 누가 봐도 여유로운 중산층이었다. 그런데

이 자산으로 국진이는 노후를 잘 살 수 없다. 이렇게 말하면 어떤 이는 말도 안 되는 소리라고 펄쩍 뛸지도 모르겠다. 14억 원으로 못 살면 그보다 자산이 적은 사람은 어떡하느냐고. 그러나 차라리 그보다 훨씬 더 적은 자산을 가진 사람은 오히려 풍족하게 살 수 있다. 검소함이 자산이 될 수 있기 때문이다.

왜 국진이는 14억 원으로도 노후를 안정되게 살 수 없을까? 그 이유는 바로 삶의 기준이 다르기 때문이다. 국진이는 아무리 자신의 생활수준을 노후의 형편에 맞춰서 낮춘다고 해도 절대로 양보할 수 없는 수준이 있다. 그 수준을 낮춘다는 것은 어마어마한 결단이 없이는 거의 불가능하기 때문이다. 본인으로서도 힘들지만 주변 사람들의 시선 때문에도 도저히 낮추기가 어려운 것이다. 외제차를 타다가 국산차로 바꾸기 어려울 것이고, 넓은 평수에 살다가 좁은 평수의 아파트로 가기도 어렵다. 자동차 종류와 아파트 평수가 나를 규정하는 사회에서 체면을 내려놓기란 쉽지 않다.

사실 이런 경우는 국진이만의 특수한 상황은 아니다. 기업에서 임원으로 일하다가 퇴직한 경우는 대부분 이런 난관에 봉착하게 된다고 해도 과언이 아니다. 대기업에서 스톡옵션을 받은 경우라면 상황이 다르겠지만, 정해진 퇴직금으로 정년퇴직을 한 사람들은 자신이 그동안 누리며 살아온 삶의 수준을 쉽게 포기하지 못해서 위기에 처하곤 한다.

아이들은 아이들대로 최신 유행하는 운동화, 점퍼, 신형 휴대전화로 체면을 차리려 하고 어른들은 어른들대로 차, 아파트, 어디에서 먹고 마시는지를 갖고 체면을 지키려 한다. 그래서 충분할 것 같았던 노후자금도 턱없이 모자라게 된다. 신자유주의는 이런 풍조를 더욱 조장한다. 사회를 읽는 통찰력이 없으면 이런 풍조에 그대로 휩쓸려 노후가 엉망이 된다. 소비를 하는 데도 자식을 키우는 데도 사회의 흐름을 뛰어넘을 수 있는 내 나름의 철학이 있어야 하는 이유다.

2부

자식을 버려라!

I 자녀 교육비, 노후자금 최대의 적

노후 준비와 가장 밀접한 관련이 있는 것이 바로 자녀 교육비다. 자녀의 장래가 걸린 문제이기 때문에 부모의 입장에서는 노후자금을 포기하면서까지 자녀를 위해 희생하려고 한다. 부모로서 결코 포기할 수 없는 부분인 것이다. 하지만 자녀 교육에 어디까지 투자할 것인가 하는 결정은 부모의 미래를 좌우하는 중요한 선택임을 객관적으로 볼 수 있어야 한다. 특별히 비용이 많이 들어가는 영어유치원, 고액 과외, 해외유학 등을 선택하기 전에 내가 아이 교육에 그렇게 투자하는 이유가 무엇인지 한번 점검해볼 필요가 있다. 아이는 원하지도 않는 고액 과외를 시키며 자기 자신이 못 이룬 꿈을 대신 이루게 하려는 욕심은 아닌지, 남들 눈을 의식해 유학 정도는 보내야지라는 생각으로, 또는 다른 아이들보다 뒤떨어지는 것은 절대 용납할 수 없어서 울며 겨자 먹기 식으로 교육비를 쏟아붓고 있는 것은 아닌지 깊이 자신의 내면을 들여다볼 필요가 있다. 아이의 교육비를 쓰는 재무적인 결정에도 부모의 건강한 자존감이 필요하다.

영어유치원, 30대부터 망가뜨린다

요즘 우리나라 20~30대 젊은 엄마들에게 가장 중요한 사안은 자녀의 영어 교육이다. 자녀가 영어를 못하면 이 사회에서 성공할 수 없다는 불안감에 엄마는 자녀가 기저귀를 떼기도 전에 영어 교육에 매달린다. 간혹 자녀 교육은 태아 때부터 시작된다고 믿고 임신했을 때부터 영어 테이프를 열심히 듣는 열성 엄마들도 있다. 한술 더 떠서 아예 아이가 태어날 때 미국 시민권을 거머쥐게 해주는 것이 최고의 선물이라 믿고 출산을 앞둔 산모가 해외에 나가서 원정출산을 하는 경우도 있다. 그야말로 상식을 넘어선 과도한 모성애다. 이러한 모성애의 내막을 들여다보면 스스로 자녀 교육의 확고한 가치관을 갖고 자녀를 키우는 것이 아니라, 우리 아이만 뒤처질 수 없다는 강박관념에서부터 출발하는 경우가 많다. 그러한 강박관념은 자녀가 대학에 들어가도 해외 어학연수 등으로 계속 이어진다. 그러다 보니 사교육비는 가계 지출의 가장 큰 항목이 된 지 오래다. 차라리 먹는 것을 줄이고 굶는 한이 있어도 자녀 교육비는 줄일 수 없다는 게 대한민국 대다수 어머니들의 눈물겨운 교육철학이다.

일반적으로 영어유치원에서부터 시작되는 자녀 교육은 중·고등학교를 거쳐 자녀가 대학에 갈 때까지 이어진다. 이름 있는 사립 영어유치원은 비용도 만만치 않지만 들어가기도 하늘의 별 따기다. 원아를 새로 뽑을 때면 엄마들이 새벽부터 줄을 서서 기다린다. 그러다 보니 자녀 교육비 때문에 맞벌이하는 젊은 부부들이 많다. 어린 자녀에게 들어가는 교육비가 부모에게 벅찬 지출이 되어버린 것이다.

통계청이 발표한 우리나라의 한 해 사교육비 규모는 19조1,000억 원|2012년 기준|이고, 초·중·고교생의 1인당 월평균 사교육비는 24만 원 정도다. 과목별 사교육비는 주로 영어와 수학에 집중되어 있는 것으로 나타났는데, 초·중·고교생별 월평균 사교육비는 초등학생 21만 9,000원, 중학생 27만6,000원, 고등학생|일반 인문계| 26만5,000원이었다. 하지만 이 통계는 평균치일 뿐이다. 가구 소득과 거주 지역에 따라서 사교육비 지출도 크게 다르다. 특히 고소득층과 저소득층의 차이는 매우 크다. 그 외에도 부모의 교육 수준이나 학생의 성적에 따라서도 차이가 있다.

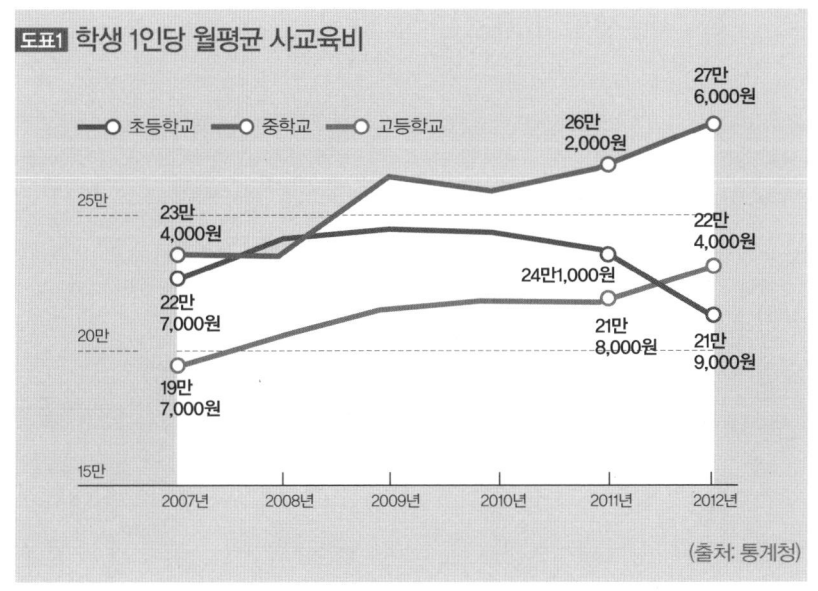

　강남에 사는 고객 중에서 남편의 연봉이 6,000만 원인데 유치원생인 자녀 교육비로 월 200만 원을 지출하는 30대 후반의 여성이 있었다. 연 2,400만 원이다. 나는 당장 영어유치원을 그만둘 것을 권했다. 가정의 재정 규모와 맞지 않게 과도한 교육비가 들어갔기 때문이다. 이렇게 계속 사교육비를 쓴다면 이 고객은 적자를 넘어서 개인파산을 선고받을 판이었다. 결국 고객은 상담 후에 경기도 죽전 쪽으로 이사를 결심했다. 그녀가 살고 있는 강남에 몸담고 있는 한 교육비 지출을 줄일 수 없다고 판단했기 때문이다. 현명한 판단이다. 그녀 혼자서는 집단 분위기가 만들어내는 참조틀에서 벗어나기 힘들다. 그럴 땐 집단에서 떠나는 게 상책이다.

학원비, 생활비 최고 항목

자녀에게 유치원부터 중학교 3학년까지 지출한 영어 과외비를 모두 합산하면 1억500만 원 정도가 된다는 기사를 최근에 본 적이 있다. 입이 떡 벌어질 금액이지만 사실 강남 지역에서 쓰는 사교육비를 생각하면 이 금액은 약과다. 초등학교에 들어가면 미술, 피아노, 태권도, 보습학원 정도는 누구나 다니는 기본 과정이다. 자녀가 중학교나 고등학교에 진학해도 상황은 크게 달라지지 않는다. 특목고에 보내기 위해 각종 학원과 과목당 과외, 족집게 과외까지 시키면 그 금액은 눈덩이처럼 불어난다. 강남에서는 자녀 한 명당 월 500만 원을 쓰는 것이 보통인 경우도 있으니 사교육비는 모든 가정의 가장 큰 부담이 되고 있다.

내 고객들 중 연봉이 대략 5,000만 원 정도 되는 40대 가장들은 대부분 자녀 교육비로 한 달에 100만 원 정도를 지출하고 있었다. 자신들의 노후를 위해선 30만 원 정도를 저축한다고 해도 1년에 360만 원, 수입의 6~7%다. 그러나 이 정도로는 노후가 보장되지 않는다. 노후를 위해 최소 월 50만 원, 연봉의 10%는 준비되어야 한다. 자녀 교육을 위해 연간 1,200만 원을 저축한다고 가정하면 당장 생활하기가 어렵다. 여기다 전세가는 계속 오르고 아이들에게 들어가는 옷값이나 부수적인 비용도 오른다. 세후 연봉이 8,000만 원 정도 되는 대기업 부장도 자녀 교육비를 감당하고 그 외에 경조사비 같은 비정기적 지출들이 나가고 나면 노후자금을 마련하는 것이 사실상 어렵다고 했다. 그래서 어쩔 수 없이 맞벌이를 하는 경우가 많다. 형편이 이렇다 보니 강남에서는 자녀 사교육비를 조달하기 위해서 가사도우미나 노래방도우미까지 하는 주부가 생겨날 정도다.

자녀 교육비 때문에 강남에서 탈출한 변호사

자녀 교육비에 대한 고민은 서민에게만 해당되는 이야기가 아니다. 변호사나 의사 같은 고소득층 가정에도 똑같이 적용된다. 그들에게는 그들만의 씀씀이가 있고 높은 참조틀이 존재하기 때문이다. 타워팰리스에 살면서도 가난한 이웃이 될 수 있는 것처럼 말이다.

로펌에서 일하는 40대 초반의 변호사가 재무 상담을 받기 위해 찾아왔다. 아내는 외국 회사에 다니면서 맞벌이를 하고 있었는데, 중3인 아들과 중1인 딸이 사춘기를 맞고 있어서 부부는 고민이 많았다. 아내는 직장생활을 하면서 아이들까지 신경 쓰려니 정신적으로나 체력적으로 정말 힘들다고 했다. 당장이라도 직장을 그만두고 싶은데 자녀 사교육비로만 매월 500만 원이 들어가고, 몇 년 전 서초동에 아파트를 마련하면서 받은 대출금이 3억 원이나 남아 있어서 일을 놓을 수 없는 형편이라고 했다.

　상담을 하면서 나는 부부의 교육철학에 대해서 깊은 대화를 나누었다. 과연 그들이 진정으로 원하는 것이 무엇인가를 찾는 것은 재무상담에서 매우 중요한 실마리가 되기 때문이다. 그 결과 뜻밖에도 부부 모두 자녀 교육에 투자할 마음이 그리 크지 않음을 알 수 있었다. 맞벌이를 계속하다 보니 자연스럽게 엄마가 집에 늦게 들어가는 날이 많아지게 되었고, 사는 동네가 서초동이다 보니 남들처럼 자녀들을 학원에 보내거나 집에서 과외 공부를 하면서 시간을 보내게 했던 것이다.

표1 변호사 부부 가계수지 분석

2011년 5월 기준 (단위: 만 원)

현금 유입		현금 유출	
남편	1,000	주거생활비	53
아내	400	식비 및 외식비	70
		교통비	37
		통신비	24
		의료비	15
		문화생활비	30
		가족 용돈(부모: 60)	160
		비정기 지출	100
		자녀 교육비	500
		보장성 보험료	50
		금융 비용	210
현금 유입 계	1,400	현금 유출 계	1,249
		잉여자금	151

〈표1〉에서 보듯이 남편의 변호사 급여가 세후 월 1,000만 원 정도이고, 아내의 수입은 평균 400만 원 정도였다. 누가 봐도 풍족한 고소득층이었다. 하지만 생활비|부부 용돈 포함|로 300만 원 정도가 들어가고, 대출금 3억 원에 대한 원리금 상환으로 15년 동안 매월 210만 원|연 3.8% 기준|을 내야 했다. 자녀 교육비로 500만 원을 내고 나면 이미 1,000만 원이 순식간에 사라진다. 이론상으로 보면 매월 아내 수입 400만 원이 남아야 하지만 비정기 지출과 부모님 용돈을 드리고 나면 매월 저축할 수 있는 돈은 150만 원 정도에 불과했다.

아내는 길어야 5년 정도 더 직장생활을 할 수 있다고 했다. 5년 후면 아들이 대학생이 되고 딸은 고2가 된다. 아내의 수입 없이 변호사 수입 1,000만 원으로 대출 원리금을 갚고 자녀 교육비까지 내고 나면 생활비가 부족하게 된다.

사교육비 월 500만 원 쓰는데 다른 변호사들 1,000만 원 써

3차 상담까지 하면서 부부는 그동안 잊고 지냈던 많은 것들을 보게 되었다. 부부가 어렸을 때 공부했던 과정과 부모님에 관한 이야기, 변호사가 되어서 원하는 인생을 살고 있는지, 또한 결혼 후 맞벌이를 통해 행복한 가정을 이루고 있는지 등에 대한 근본적인 대화를 계속

했다. 부부는 본인들이 원하지도 않았음에도 불구하고 주위의 분위기에 떠밀려 무리해서 집을 구입하게 됐고 자녀 사교육비에도 500만 원 이상을 쓰게 됐다고 고백했다. 부부가 걱정하는 문제는 그나마 딸은 공부하는 것에 흥미를 느끼고 있는 데 반해, 아들은 과외 하는 것도 싫어하고 학원에 가는 것도 힘들어한다는 것이었다. 아들은 중3이 되자 과외 선생님이 집에 와 있는데도 다른 곳에서 친구들과 놀다가 과외 수업을 빼먹는 경우가 잦아지고 있었다. 자녀를 위해 서초동으로 이사를 왔고 월 500만 원을 투자하고 있지만, 정작 아이들은 기뻐하지 않는다는 사실에 직면했다.

그리고 무엇보다도 아내가 직장에 다니는 것을 고통스러울 만큼 싫어하는데도 400만 원을 벌어야 하는 현실 때문에 어쩔 수 없이 직장 생활을 이어가는 것을 보게 되었다. 남편도 그동안 그런 아내를 곁에서 지켜보는 것이 쉽지 않았다고 털어놓았다. 남편은 남편대로 최선을 다해 열심히 버는데도 늘 힘들어하는 아내를 보면 짜증이 나고 화가 났던 것이다. 부부는 이런 문제로 말다툼을 할 때도 많았다. 그럴 때마다 집안 분위기는 싸늘하게 냉각되었고 아이들은 긴장했다. 결국 이 가정에서 행복한 사람은 아무도 없었다.

변호사인 남편은 자신의 속내를 털어놓았다. 같은 동네에 사는 친구 변호사 부부는 자녀 교육비로 월 1,000만 원을 쓴다고 하는데, 자신은 도저히 따라갈 자신이 없다는 것이다. 부부는 집을 장만해 강남으로 이사 올 때만 해도 모든 것이 희망적이었다고 했다. 3억 원 대출은 갚으면 되고 아이들에게 좋은 환경과 좋은 집, 그리고 월 500만 원 정도만 투자하면 성적도 오르고 아이들이 좋아할 줄 알았다고 했다. 무엇보다 자신의 수입 50%인 500만 원을 자녀에게 투자할 수 있다는 것은 아빠로서는 무척 뿌듯하고 자랑스러운 일이었다.

하지만 정작 서초동으로 이사를 와보니 부부가 1,400만 원을 벌어도 늘 빠듯하게 살아야 했다. 이전에 살던 동네에서는 그래도 월 400만 원만 교육비에 투자해도 주위 친구들보다 좋은 과외와 좋은 학원에 보낼 수 있었는데, 강남은 상황이 전혀 달랐다. 변호사 남편은 우연히 강남 변호사 골프 모임에 참석했다가 대부분의 회원들이 40평대 이상 아파트에 살면서 자녀 교육비로 한 아이당 500만 원씩 투자하고 있다는 사실을 알게 됐다. 또한 자녀들이 대부분 학교에서 상위권 성적을 차지하고 있다는 것도 알게 됐다. 그 이후 그의 마음에는 뿌듯함과 평안이 사라지고 무거운 부담감만 남게 되었다. 그에게는 아이들에게 각각 500만 원씩 1,000만 원을 투자할 능력은 없었다. 아들이 중2가 되면서부터 아빠랑 공부 때문에 싸우는 날이 잦아졌다. 과외 선생님께 버릇없이 대하는 아들을 보면서 아버지는 자식의 교육에 무작정 이런 식으로 투자하다가는 자식도 죽이고 자신들도 죽겠구나 하는 생각이 들어 재무 상담을 받기로 결심한 것이다.

강남 탈출 명일동으로~, 아이도 아내도 여유로워져

부부는 상담 이후 가족회의를 하면서 자녀들과 충분한 대화를 나누었고, 강동구 명일동 쪽으로 이사를 결행했다. 강남을 탈출한 것이다. 서초동 아파트를 9억 원에 매도한 부부는 급매물로 나온 강동구 32평 롯데캐슬 아파트를 6억2,000만 원에 빚 없이 구입했다. 이사 후 부부는 나를 집으로 초대했다. 나는 함께 저녁 식사를 마친 후 달라진 이 가족의 가계수지표를 꺼내서 보여주었다.

많은 수입에 비해 매월 150만 원 정도밖에 저축할 수 없었던 부부는 이사 후 놀랍게도 500만 원 정도를 저축할 수 있게 되었다. 우선 3억 대출 원리금 210만 원이 지출에서 사라졌고, 사교육비로 쓰던 500만 원을 이사 후에는 150만 원으로 줄였기 때문에 매월 500만 원의 돈을 모을 수 있게 된 것이다. 자녀들 때문에 일을 쉬고 싶어 했던 아내는 1년 안에 회사를 퇴직하고 송파구에 있는 친구의 무역회사에서 무역 업무를 도와주며 월 150만 원 정도를 받기로 했다. 그래서 1년 후 아내 수입 150만 원과 남편 수입 1,000만 원에 생활비 300만 원, 교육비 150만

표2 변호사 부부의 이사 후 가계수지 분석 2012년 5월 기준 (단위: 만 원)

현금 유입			현금 유출	
남편		1,000	주거생활비	35
아내		150	식비 및 외식비	70
			교통비	37
			통신비	24
			의료비	15
			문화생활비	30
			가족 용돈(부모: 60)	140
			비정기 지출	100
			자녀 교육비	150
			보장성 보험료	50
현금 유입 계		1,150	현금 유출 계	651
			잉여자금	499

원, 비정기 지출 월평균 100만 원, 부모님 용돈 60만 원, 보험료 50만 원을 책정해서 총지출 650만 원으로 규모 있게 살 수 있는 가계수지표를 완성할 수 있었다.

업종을 확실히 정하진 않았지만 부인은 10년 뒤 창업을 하고 싶어 했다. 나는 부인의 창업 준비 자금으로 매월 100만 원을 적립식펀드에 저축하도록 조언했다. 10년 동안 저축한 금액을 기대 수익률 7%로 예상하고 계산해보면 1억7,000만 원 정도가 된다. 거기에다 아내가 퇴직금으로 받은 1억5,000만 원을 10년 후 창업을 위해 5% 정도 되는 채권에 넣고 운용하면 약 2억3,000만 원이 된다. 그럼 10년 뒤 아내는 창업자금으로 4억 원 정도를 손에 쥐게 되는 것이다. 충분히 창업을 할 수 있는 금액이다. 자녀 대학자금 준비는 매월 100만 원씩 정기적금을 납부하기로 했다. 3년 후 4,000만 원 정도가 모이게 된다. 그럼 큰아이의 4년 대학자금은 어렵지 않게 준비할 수 있다. 둘째는 현재 지출되는 사교육비 150만 원이 대학자금으로 그대로 들어가면 되므로 따로 준비할 필요가 없다.

변호사인 남편은 65세 이상까지 일할 수는 있지만 가능하다면 18년 뒤인 60세에는 은퇴해서 쉬고 싶다고 했다. 그렇다면 그때를 대비해서 노후자금을 마련해둬야 했다. 하지만 변호사 직업의 특성상 노후연금은 전혀 없기 때문에 소득공제가 되는 증권사의 연금펀드에 34만 원을 넣고, 아직 20년 정도의 시간이 있다는 점을 감안해서 외국 회사의 변액유니버셜 보험에 100만 원씩 납부하기로 했다. 변액유니버셜 보험은 사업비가 초기에 많이 빠져서 50만 원으로 일단 가입을 한 후, 50만 원을 다시 추가 납부하는 것으로 계획을 세웠다. 그리고 나머지는 정기적금을 통해 목돈을 모으도록 조언했다.

1년 후, 부부가 다시 나를 찾아왔다. 들어서는 부부의 표정이 밝아서 맞이하는 나도 덩달아 기분이 좋아졌다. 고객이 재무 구조의 문제점을 개선해서 이전보다 평안하고 행복한 삶을 살게 되는 것이 재무상담사로서 가장 보람을 느끼는 일이다. 부부는 자신들의 달라진 상황을 설명했다. 아내는 계획했던 대로 회사를 그만두고 친구 무역회사에 오후 1시에 출근해서 5시까지 일하고 월 150만 원을 받는다고 했다. 그리고 오전에는 영어학원과 디자인학원에 다니면서 창업을 위해 공부하고 있다고 했다. 부부는 이사 후 저축도 많이 늘었지만 무엇보다도 하루 종일 학원에서 시간을 보내지 않게 된 자녀들이 훨씬 명랑하고 활기차졌다며 좋아했다. 실제 눈에 보이는 통장의 잔액도 많이 늘었지만, 눈에 보이지 않는 가족의 정서통장에도 기쁨과 행복이 부쩍부쩍 들어차게 된 것이다.

나는 부부에게 아이들 교육에 관해 강남에서 나온 것이 후회될 때는 없느냐고 물었다. 그러자 부인이 활짝 웃으며 전혀 후회되지 않는다고 대답했다. 요즘 아이들에게 음악이 대세인지 아들은 취미로 드럼을 배우고 있고, 딸은 보컬학원에 다니고 있다고 했다. 그렇게 좋아하는 취미생활을 하면서도 아이들이 학원에도 잘 다니고 공부도 잘하니 부모로서 더 이상 바랄 것이 없다며 부부는 흐뭇해했다. 상담을 마친 후 가벼운 발걸음으로 돌아가는 부부를 보며 나는 2년 전 처진 어깨로 상담실에 들어서던 부부의 모습을 떠올렸다.

그때 남편은 "매월 500만 원을 자녀 교육비로 투자하는데, 주위 친구들은 1,000만 원을 투자하더라"며 허탈한 표정을 지었었다. 물론 부모가 1,000만 원을 교육비에 투자했을 때 자녀가 감사하며 열심히 공부하고, 그렇게 자녀 사교육비로 수천만 원을 써도 노후 걱정을 하지 않아도 될 자산가라면 문제가 없다. 하지만 1,000만 원을 벌고도 생활비, 자녀 사교육비, 대출 상환금을 위해 맞벌이를 해야만 하는 이 부부와 같은 경우라면 그것은 심각한 문제를 야기할 수 있다. 다행히 이 가정은 자신들의 현실을 깨닫고 인정한 후 환경을 바꿀 수 있는 용기와 결단력이 있었다. 이들은 사교육비를 줄임으로써 빚 없는 여유 있는 삶을 즐기게 되었을 뿐 아니라 서로가 원하는 것을 할 수 있게 되면서 행복하고 화목한 가족이 되었다.

대학은 무조건 서울로? 아니다!

영천에 거주하는 김정수(49세·가명) 씨도 자녀 교육에 대해서 결단성 있는 선택으로 노후를 성공적으로 설계한 경우다. 사실 지방에 사는 많은 사람들이 자녀가 공부를 잘하면 무조건 서울로 보내야 한다고 믿는 경향이 있다. 하지만 이것 역시 유학이나 비싼 사교육비처럼 차근차근 앞뒤 상황을 살펴본 후에 결정할 일이다. 대학을 서울로 보낸다고 자녀가 무조건 출세하는 것도 아니며 그것이 가족의 행복을 보장하는 것은 더더욱 아니기 때문이다.

영천에 사는 준공무원 김정수 씨의 이야기

정수 씨는 국가 산하 공공기관에 22년 동안 근무한 준공무원이다. 아내(47세)는 방과 후 특활 교사를 하고 있는데, 상담할 당시 고1인 딸과 고3인 아들을 자녀로 두고 있었다. 이 가정의 경우 현금 흐름은 매우 좋은 편이었다. 남편은 450만 원의 고정적인 수입이 있었고, 아내 역시 100만 원 정도의 수입이 있었다. 게다가 사는 곳이 상대적으로 생활비가 적게 드는 지방이다 보니, 부부는 각자 차를 갖고 있을 만큼 여유로운 삶을 누리고 있었다.

자산 현황을 보면 2억3,000만 원의 32평 아파트를 소유했고 펀드에 2,600만 원을, CMA통장에 500만 원을 갖고 있었다. 부채는 주택담보대출 2,000만 원과 1,500만 원의 신용대출이 있었다. 이 가정의 순

표3 김정수 씨의 재무상태 분석

(단위: 만 원)

자산		부채 및 순자산	
아파트	23,000	주택 담보대출	2,000
펀드	2,600	신용대출	1,500
CMA통장	500		
총자산	26,100	총부채	3,500
		순자산	22,600

자산은 2억 2,600만 원이었다.

　순자산이 크게 많지는 않았지만 거주지가 지방이었고, 적지 않은 월수입이 있었기 때문에 비교적 안정적인 재무 구조를 갖고 있었다. 그런데 문제는 자녀들의 교육비였다. 자녀들이 전교에서 1등을 할 만큼 공부를 잘했기 때문에 정수 씨는 서울에 오피스텔을 하나 얻어서 서울에 있는 대학에 보낼 계획을 갖고 있었다. 많은 사람들이 흔히 빠지는 함정에 정수 씨도 빠지기 직전이었다. 공부를 잘하면 무조건 서울에 있는 대학에 보내야 한다는 고정관념의 함정 말이다. 내가 분석한 바로는 자녀들을 서울로 유학 보낼 경우 이 가정의 재무 구조는 곧바로 적신호가 들어오게 돼 있었다. 우선 오피스텔을 얻는 순간부터 정수 씨는 빚을 지게 되고, 자녀들의 대학 등록금과 서울 거주 비용을 지출하게 되면 정수 씨의 주택과 함께 노후자금은 사라진다. 게다가 자녀 결혼자금 |딸 5,000만 원, 아들 1억 원|과 가족들의 유럽여행까지 계획하고 있었으니 빚의 나락으로 떨어지는 것은 불을 보듯 뻔한 일이었다.

　설사 정수 씨의 희생으로 자녀들이 서울에 있는 좋은 대학에 입학해서 공부를 마쳤다고 해도 명문대를 졸업하고도 취업을 하지 못하는 현재 우리나라 청년 실업률을 감안하면 비관적이다. 부모는 자녀들을 뒷바라지하느라 빚에 내몰려 있으니 더 이상 자녀들을 지원할 수 없게 된다. 그렇게 되면 자녀들은 스스로 서울에서 직장생활을 시작해야 하고, 결혼자금까지도 마련해야 한다. 게다가 노후 대책이 없는 부모를 책임져야 하는 자녀들은 빚을 지게 될 확률이 매우 높다. 신자유주의 경제 속에서 자녀들은 자신들의 미래를 준비하는 것만으로도 충분히 벅차다. 그런데 빚까지 지게 된다면 암담한 현실에서 벗어나기 힘들다. 만약 정수 씨에게 오피스텔을 얻을 수 있는 자금이 확보되어 있다면 얘기는 많이 달라진다. 그렇다면 자녀를 충분히 서울로 보낼 수 있다. 하지만 그런 상황이 아니기 때문에 빚을 내면서부터 모든 여건이 악화되는 것이다.

공부 잘하는 아들 지방대로

고심 끝에 나는 정수 씨에게 자녀들을 집에서 가까운 지방대학에 보내도록 권유했다. 그렇게 하는 것이 정수 씨와 자녀들의 미래를 생각해서 안정적인 선택이기 때문이다. 정수 씨 부부는 처음에 몹시 반발했다. 공부 잘하는 자녀들을 지방대학으로 보낸다는 것은 정수 씨 부부의 가치관으로는 납득이 되지 않았기 때문이다. 하지만 나는 현금흐름표를 통해서 자녀들을 서울로 보내게 됐을 때 어떤 결과를 초래하는지 설명했다. 자녀를 서울에 있는 대학으로 보냈을 때와 보내지 않았을 때의 현금흐름표를 말없이 검토한 정수 씨는 결국 자녀들을 지방대학 중에서도 좋은 대학으로 손꼽히는 경북대학에 보내기로 결심했다.

표4 자녀를 서울에 있는 대학으로 보낼 경우의 현금흐름표

년도	나이				연간수입			
	본인	처	자녀1	자녀2	급여1	급여2	현금	계
2009	49	47	19	17	5,400	1,200	2,100	8,700
2010	50	48	20	18	5,562	1,224		6,786
2011	51	49	21	19	5,729	1,248		6,977
2012	52	50	22	20	5,901	1,273		7,174
2013	53	51	23	21	6,078	1,299		7,377
2014	54	52	24	22	6,260	1,325		7,585
2015	55	53	25	23	6,448	1,351		7,799
2016	56	54	26	24	6,641	1,378		8,020
2017	57	55	27	25	6,841	1,406		8,247
2018	58	56	28	26	7,046			7,046
2019	59	57	29	27	7,257			7,257
2020	60	58	30	28	7,475			7,475
2021	61	59	31	29	퇴직금			0
2022	62	60	32	30	15,000			15,000
2023	63	61	33	31	국민연금	주택연금		0
2024	64	62	34	32	1,496	888		2,384
2025	65	63	35	33	1,526	888		2,414
2026	66	64	36	34	1,556	888		2,444
2027	67	65	37	35	1,587	888		2,475
2028	68	66	38	36	1,619	888		2,507
2029	69	67	39	37	1,651	888		2,540
2030	70	68	40	38	1,684	888		2,573
2031	71	69	41	39	1,718	888		2,606
2032	72	70	42	40	1,752	888		2,641
2033	73	71	43	41	1,787	888		2,676
2034	74	72	44	42	1,823	888		2,711
2035	75	73	45	43	1,860	888		2,748
2036	76	74	46	44	1,897	888		2,785
2037	77	75	47	45	1,935	888		2,823
2038	78	76	48	46	1,973	888		2,862
2039	79	77	49	47	2,013	888		2,901

국민연금 현가 80만 원 기준

(단위: 만 원)

연간비용							연간수지	현금보유액
생활비	교육비1	교육비2	특별지출	저축	보장보험	비용계		3%
3,960	779	779	월세		320	5,838	2,862	2,905
3,653	1,111	810	1,320		480	7,374	−588	2,395
3,744	1,167	842	1,360		480	7,593	−616	1,842
3,838		1,225	1,400		480	6,944	231	2,131
3,934	아들 군대	1,286	1,442		480	7,143	234	2,433
4,032	1,351	1,351	1,800		480	9,014	−1429	1,055
4,133	1,418	1,418	1,800		480	9,250	−1451	−385
4,236			1,800	2,500	480	9,016	−997	−1,409
4,342			1,800	차량 구입	480	6,622	1,624	198
4,451			1,800		480	6,731	315	523
4,562	결혼				480	5,042	2,215	2,787
4,676	10,000				480	15,156	−7,681	−4,926
4,793		결혼			480	5,273	−5,273	−10,426
4,913		5,000			480	10,393	4,607	−6,063
3,391						3,391	−3,391	−9,687
3,476						3,476	−1,092	−11,086
3,563						3,563	−1,149	−12,585
3,652						3,652	−1,208	−14,188
3,743						3,743	−1,268	−15,900
3,837						3,837	−1,330	−17,727
3,933						3,933	−1,393	−19,672
4,031						4,031	−1,458	−21,743
4,132						4,132	−1,525	−23,943
4,235						4,235	−1,594	−26,280
4,341						4,341	−1,665	−28,759
4,449						4,449	−1,738	−31,386
3,192						3,192	−445	−32,778
3,272						3,428	−487	−34,256
3,354						3,354	−531	−35,828
3,438						3,438	−576	−37,482
3,524						3,524	−623	−39,239

주석:
- 서울로 대학 갈 경우 월세 60만 원 생활비 50만 원
- 자녀 대학자금 학비 연 1000만 원 기준
- 아들 군대 제대 후 아들/딸 비용 월세 100만 원 생활비 80만 원
- 노후자금 현재 기준 200만 원 (연 2400) 물가상승률 3% 감안
- 부부 75세 생활비 70%로 줄어듦

자녀들도 처음에는 실망을 했지만, 나중에 아버지와 어머니의 설득으로 마음을 고쳐먹었다.

김정수 씨 가정은 수입 550만 원 중에서 생활비로 300만 원을 지출했고, 성당 헌금 30만 원, 보험금으로 60만 원, 교육비로 100만 원을 지출했다. 그러므로 잉여자금이 60만 원 정도 되는 넉넉한 형편이었

표5 김정수 씨의 현재 가계수지 분석 (단위: 만 원)

현금 유입		현금 유출	
남편	450	주거생활비	300
아내	100	교육비	100
		성당 헌금	30
		보장성 보험료	60
현금 유입 계	550	현금 유출 계	490
		잉여자금	60

표6 아들을 서울에 있는 대학에 보낼 경우 (단위: 만 원)

현금 유입		현금 유출	
남편	450	주거생활비	300
아내	100	아들 교육비(대학생)	100
		딸 교육비	60
		아들 오피스텔 월세 + 생활비	110
		성당 헌금	30
		보장성 보험료	60
현금 유입 계	550	현금 유출 계	660
		잉여자금	−110

다. 그런데 자녀들을 서울로 유학을 보내게 되면 등록금을 제외하고도 매월 월세와 생활비로 150만 원 정도가 지출돼야 한다. 바로 가계에 적신호가 뜨는 것이다. 처음엔 아들이 올라가고 그 뒤를 이어 딸까지 서울로 유학을 가게 되면 방 두 개짜리 오피스텔이나 아파트를 얻어야 한다. 그러면 주택 담보대출을 더 받아서 두 자녀의 주거비와 교육비를 충당하고 퇴직금을 받아서 자식 결혼자금으로 써야 하는 상황이었다. 그렇게 되면 사실상 정수 씨는 노후자금을 전혀 준비할 수 없게 된다. 최악의 경우엔 집도 없이 빚만 잔뜩 질 수도 있었다. 정수 씨로서는 미처 예상치 못한 참담한 결과였다.

아들을 서울로 유학 보냈더라면?

김정수 씨가 아들을 결혼시키고 60세가 됐다고 가정해보자. 그때는 부부 소득이 전혀 없는 상태에서 국민연금 80만 원|현재 가치, 미래 가치는 월 120만 원. 국민연금공단 '내가 받을 연금' 참조|에 의지해서 살아야 하므로 경제적으로 매우 어려운 상황에 처하게 된다. 80만 원이라는 액수도 그때 가서 정확하게 산출해봐야 알 수 있는 금액이다. 〈표4〉의 현금흐름을 보면 오른쪽 연간수지에서 적자가 시작될 때 부부가 보유한 현금이 거의 없음을 알 수 있다. 이런 상황에서 자녀를 서울로 보내게 되면 가족 모두가 적자 인생을 살게 된다. 한마디로 죽음 같은 상황을 맞게 되는 것이다.

부산이나 대구, 광주에 사는 사람들이 자녀가 공부를 잘한다고 해서 모두 서울로 유학을 보내진 않는다. 현실적으로 불가능한 경우도 있지만, 서울로 보내서 무슨 부귀영화를 누릴 것인가, 라고 생각하는 사람들도 있기 때문이다. 근처 부산대학교나 경북대학교에 좋은 성적으로 입학해서 장학금을 받고 공부하다가 졸업해서 좋은 진로를 찾는 경우도 많다.

상담을 하다 보면 시골에서 서울로 올라와서 공부한 후 대기업에 취업한 자녀들이 결혼 후 신혼기를 비참하게 보내는 경우를 종종 보게 된다. 부모가 자녀 뒷바라지하느라 노후 준비를 제대로 하지 못했기 때문에 경제적으로 자녀도 빚에 휘감겨 힘든 삶을 살게 되는 것이다. 부모도 힘든 노후를 보낸다. 그런 상담을 하다 보면 공부 좀 잘한다고 파산 상태가 되면서까지 부모가 희생하는 것이 결코 자식에게도 도움이 되지 않는다는 것을 느끼게 된다. 이제 우리나라도 사람은 서울로 보내야 한다는 고정관념에서 탈피해야 할 때다.

정수 씨 역시 공부 잘하는 자녀를 서울로 유학 보내야 한다는 생각에 사로잡혀 있어서 그렇게 할 경우 자신이 겪어야 할 일은 제대로 알지 못했다. 우리나라 부모들이 돈이 없으면서도 자녀들에게 투자하는 것은 용기고, 이 용기를 낼 수 있는 것은 자신이 앞으로 감당해야 할 현실이 어떤 것인지 알지 못하기 때문이다. 그저 막연하게 어떻게 되겠지 하는 심리로 당장 자녀의 미래에만 초점을 맞춰서 경제적으로 무리를 해서라도 뒷바라지를 한다. 그렇게 해서 자녀를 해외로 유학 보내고 궁지에 몰리는 부모들을 수도 없이 봐왔다. 다행스럽게도 김정수 씨는 현금흐름표를 통해서 자신이 얼마만큼의 적자를 계속 감당해야 하는지 보게 됐고, 좀 더 현실적인 판단을 할 수 있게 됐다.

정수 씨의 자녀는 우수한 성적으로 경북대학교에 장학생으로 들어가게 되었고, 대신 서울로 유학 보낼 자금을 자녀 이름으로 배당금 펀드에 가입해서 결혼 비용으로 줄 수 있게 됐다. 그뿐만 아니라 국민연금 80만 원, 변액연금 50만 원, 소득공제가 되는 퇴직연금 25만 원을 합해서 연금 개시 만 63세 기준으로 매월 155만 원 정도의 월수입을 보장받게 됐고, 부족한 노후자금은 주택을 이용한 주택연금으로 매월 80

표7 김정수 씨의 노후자금 설계 (단위: 만 원)

연금 상품 종류	수입
국민연금	80
변액연금	50
소득공제 되는 퇴직연금	25
주택연금	80
총액	235

만 원 정도를 충당할 수 있게 됐다.

그리고 이 가족은 정수 씨가 관리하던 비자금으로 원하던 가족 해외여행까지 다녀왔다. 많은 남편들이 초과근무 수당이나 각종 명목의 수입으로 비자금을 마련한다. 정수 씨도 예외는 아니어서 2,000만 원 정도의 비자금으로 주식 투자를 하고 있었다. 하지만 종목을 잘못 선정하는 바람에 700만 원의 손해를 보고 1,300만 원만 남아 있었다. 아내는 처음에는 예상치 못한 1,300만 원이 생기자 뛸 듯이 좋아했다. 하지만 곧 그것이 남편의 비자금이었고 투자금의 손실까지 봤다는 사실을 알고 나자 억울해하며 화를 냈다. 어쨌든 결국 그 비자금 덕분에 정수 씨네 가족은 그렇게 원하던 해외여행을 갈 수 있게 됐다.

한순간의 선택으로 평생 빚에 허덕일 수도 있었던 김정수 씨는 안정된 노후자금을 마련하고 가정 경제도 탄탄하게 꾸려갈 수 있게 됐다. 정수 씨가 자녀들이 다 성장한 이후 뒤늦게 지방으로 내려간 경우라면 나는 좀 더 다른 대안을 고심했을 것이다. 하지만 김정수 씨의 경우는 자녀들이 유치원 때 지방으로 내려가서 이미 그곳 생활에 충분히 적응이 된 상태였다. 그러므로 자녀들이 지방대학을 나와서도 충분히 그 부근의 대도시에서 좋은 직장을 구해 안정된 삶을 꾸려갈 수 있다.

지방에서 잘 살고 있는 내 동생들 이야기

나(김의수)의 둘째 동생은 부산 고신대학교에서 전산학을 전공했다. 그런데 일본어를 좋아해서 대학을 마치자마자 일본으로 유학을 떠났다. 이전에도 일어시험 성적이 좋아서 국가 장학금을 받으며 교환학생으로 1년 동안 일본에 다녀온 적도 있었다. 그런데 동생이 일본 유학을 떠난 지 6개월 만에 아버지 회사가 부도나고 말았다. 아버지 회사의 부도로 나는 모든 것을 잃고 전 재산인 2,000만 원을 들고 무작정 상경했다.

그때 동생은 일본 유학 중이었다. 하지만 아무도 학비를 보내줄 형편이 못 되자 동생은 밤새도록 아르바이트를 하고 낮에는 공부를 하는 고된 나날을 보내야 했다. 그러다가 결국 동생은 1년 만에 유학을 포기하고 귀국했다. 한국에 들어온 동생은 부산 중소기업에서 일을 시작했다. 검도 도구를 만들어 일본에 수출하는 작은 기업이었는데, 월급은 2000년 당시 150만 원 정도로 그리 많지 않았다. 그래도 동생은 밤낮없이 일하고 주말에도 회사에 나갈 정도로 열심히 일했다. 다행히 동생이 하는 일이 일본 바이어를 상대하는 일이라 일본을 자주 왕래하며 계속 일본어를 사용할 수 있었기 때문에 힘들어도 즐겁게 일할 수 있었다.

박봉을 받으며 8년을 일한 동생은 2008년에 그간의 경험을 바탕으로 개인 사업을 시작했다. 평소 알고 지내던 일본 바이어 몇 명이 동생을 지원해서 동생은 중국에 공장을 두고 한국에서 사무실을 냈다. 5년이 지난 지금, 동생은 성공적으로 사업을 운영하고 있다. 어느 정도 경제적 안정을 찾고 나서 38세의 나이에 좋은 아내를 만나 결혼도 했다. 그리고 아들 셋을 낳고 행복한 가정을 꾸려가고 있다.

결혼 후 동생은 서울로 오고 싶어 했지만 나는 극구 반대했다. 지금 동생은 24평 아파트를 1억3,000만 원에 빚 없이 매입해서 살고 있다. 아이들이 커가면서 32평 전세로 옮겨 가도 1억5,000만 원이면 충분하다. 서울이 아닌 부산이기 때문에 가능한 얘기다. 동생은 지금 여유롭게 자녀 교육과 노후자금까지 감당할 수 있다. 하지만 서울에 올라오면 상황이 매우 달라진다. 기본적인 생활비와 주거비, 교육비가 껑충 뛰어오르기 때문이다. 여유 있던 삶이 빠듯해지면서 어렵게 되는 것은 불 보듯 뻔한 일이다. 그런 사실을 알고 있는 나로서는 선뜻 동생의 상경을 지지할 수 없는 것이다.

부산에서 전문대를 졸업한 막냇동생은 좋은 회사에 취직할 수 없었다. 특히 전공이 불어불문학이다 보니 졸업 후 취업도 만만치 않았다. 처음엔 여기저기 다니면서 비정규직으로 일하던 동생은 한 회사에 그리 오래 다니지 못했다. 그러다가 10년 전에 부산에서 자동차 영업을 시작했다. 매월 생활비 지출이 많지 않아서인지 자동차 영업을 하면서 동생은 안정되게 잘 지냈다. 그다지 큰돈을 벌지는 못했지만 사는 곳이 부산이었기에 저축까지 할 수 있었다. 그런 과정을 거쳐 동생은 외국계 회사에 정규직 영업사원으로 입사했다. 현재 동생은 안정된 급여를 받으며 열심히 저축해서 노후자금 만드는 데도 문제가 없다.

서울에 있는 내 고객들과 동생들을 비교해봤을 때 가장 많이 차이가 나는 것이 주거비다. 주거비는 소모되는 비용이기 때문에 서울에 산다는 자체만으로 사람들은 이미 많은 비용을 지불하게 된다. 그리고 참조틀의 차이 때문에 부산에 사는 동생들은 서울에서 비슷한 수입의 사람들보다 훨씬 더 경제적으로 여유롭게 살고 있는 것이다.

2. 자녀 결혼 비용, 노후자금 나눠 먹는 것

요즘엔 자식들이 부모에게 기대어 사는 것이 일반적인 현상이 되어버렸다. 부모의 형편에 관계없이 최신 IT 기종도 갖고 싶고 폼 나는 명품 옷도 입어야 하는 청소년들. 한때 부모들의 등골을 빼먹을 만큼 비싼 점퍼, 일명 '등골 브레이커'는 전국 학생들의 교복이 될 정도였다. 청소년기를 지나 대학에 들어가면 또 부모의 형편에 관계없이 너도 나도 신형 전자기기에 브랜드 옷과 운동화를 신고 유명 커피 전문점에서 차를 마시고 해외 어학연수를 가야 한다. 이들은 결혼해서 독립할 연령이 훌쩍 넘어서도 부모에게 얹혀사는 경우가 많다. 소위 '캥거루족'이다. 자산 가치 상승으로 인해 노동 가치가 정체되면서 구매력이 떨어진 자녀들이 최대한 부모에게 기댈 수밖에 없는 환경이 된 것이다. 신자유주의의 폐해인 것이다.

게다가 밖에 나가면 하나에서부터 열까지 돈이 드는데, 부모가 제공하는 안정적인 집에서 기대어 살면 많은 것을 누릴 수 있다. 자녀들에게는 가장 편한 선택인 셈이기도 하다. 가끔 부모의 승용차를 끌고 나가 친구들 앞에서 폼도 잡을 수 있고 식비·생활비 걱정 안 하며 지낼 수 있는 여건을 포기할 이유가 없다. 이렇게 의존적으로 살던 자식들은 떠날 때도 그냥 떠나지 않는다. 결혼을 하면서 최대한 부모로부터 뜯어낼 수 있는 데까지 챙겨서 나가는 것이 보통이기 때문이다.

하지만 자식들의 기생(?)은 여기서 끝이 아니다. 몇 년 지나지 않아 손자나 손녀가 생기면 맞벌이를 한다면서 자녀 양육을 부모에게 맡긴다. 그리고 자식을 맡긴 대가로 고작 20만~30만 원의 용돈을 부모 손에 쥐여 주고 일주일에 한 번 정도 식사 대접을 하는 것으로 자식의 도리를 다했다고 생각한다. 아이가 조금 커서 초등학교에 입학하게 되거나 학원에 가게 되면 그때부터는 데려다 주고 데려오는 각종 심부름이 시작된다. 설상가상으로 둘째 손자까지 생기면 다시 처음부터 악순환이 반복된다. 그나마 사업자금을 대달라고 손을 내밀지 않으면 감사한 일이다.

조금 극단적인 예처럼 보이겠지만, 상담을 통해서 흔히 마주치는 일들이다. 물론 좀 더 여유 있는 자녀의 경우에는 더 높은 액수의 수

고비를 부모에게 드릴 수도 있다. 하지만 중요한 것은 부모의 삶을 송두리째 자녀가 갈취하고 있다는 것이다. 하지만 대부분의 부모들이 그것을 당연하게 받아들이고 있으니 지금 우리 시대에서는 자식이야말로 노후 준비의 큰 걸림돌이라 할 수 있다.

우리나라에서 서식하는 거미 중에는 갈댓잎을 주머니 형태로 말고 그 안에 들어가 알을 낳은 후 거미줄로 입구를 막는 거미가 있다. 새끼들을 보호하기 위해서다. 얼마 후 새끼가 부화하면 그 안에서 새끼들은 어미를 뜯어 먹고 성장해서 밖으로 나온다. 우리나라 부모들의 노후가 어디선가 읽은 이 염낭거미의 일생과 많이 닮아 있다는 생각이 들어서 마음이 쓸쓸해진다.

안전한 노후자금 흔드는 남매 결혼 비용

D제강 공장에서 근무하는 정영준(57세·가명) 주임은 정년퇴직을 몇 개월 앞두고 나를 찾아왔다. 연봉 7,000만 원을 받는 정 주임이 가진 자산은 시가 6억 원대의 아파트|34평형| 한 채와 1억 원의 금융 및 기타 자산, 부동산 담보대출 1억 원 정도가 있었다. 그리고 퇴직하면 퇴직금 7,000만 원 정도가 더해진다. 이미 중간 정산을 해서 퇴직금이 적

다. 지인들은 노후자금을 걱정하는 영준 씨에게 "집이 있으니 주택연금을 받으면 될 것 아니냐?"며 타박한다고 했다. 얼핏 보면 그다지 노후 걱정을 하지 않아도 될 것 같은 영준 씨에게 복병은 바로 취직한 아들(29세)과 대학 졸업반인 딸(23세) 남매의 결혼자금이다. 못해도 남들만큼은 해서 보내야 할 텐데, 남들만큼의 기준을 어디로 잡느냐에 따라서 영준 씨의 노후자금이 크게 달라진다.

자녀 입장에서 보면, 막상 사회에 진출하고 보니 돈 들어갈 곳이 터무니없이 많다. 주거비 문제, 결혼 관련 비용 문제도 만만치 않은데 사회적인 흐름상 승용차 한 대는 있어야 하지만 승용차 구입 문제도 혼자 감당하기가 버겁다. 그러니 자연스럽게 부모한테 기댈 수밖에 없다. 아버지가 퇴직을 하면 퇴직금도 받고, 집도 있고, 통장에 돈도 좀 있는 것 같으니 얼마간 증여를 해주시겠지 하는 기대감으로 이어진다. 그도 그럴 것이 그동안 부모님은 자신이 요구할 때마다 대부분 들어줬다. 이번에도 당연히 도와줄 거라고 생각하는 것이다. 그런데 부모의 입장에서 보면, 가진 자산이라고 해봐야 6억 원짜리 집 한 채인데 대출금 상환하고 나면 5억 원뿐이다. 또 현금자산이라고는 은행에 있는 1억 원과 퇴직금으로 수령하게 되는 7,000만 원이 전부다. 자녀 둘의 결혼 비용과 부부의 30년 노후자금으로 최소한 7억 원이 필요하다. 7억 원이라고 하면 많은 사람들이 큰돈이라고 생각하면서 너무 높게 잡은 것이 아니냐고 반문할 수도 있다. 그럼 계산을 해보자. 최소로 잡아 노후에 월 160만 원이 생활비로 든다고 가정해보자. 1년에 2,000만 원 정도가 들고, 2,000만 원씩 10년이면 2억 원, 80세 이후까지 산다고 가정해서 30년이면 6억 원이다. 아들과 딸 결혼식 비용을 각각 6,000만 원과 4,000만 원으로 가정하면 1억 원이다. 보다시피 7억 원이 결코 많은 액수가 아니다. 그러니 아무리 계산을 해도 답은 안 나온다. 더구나 자녀들은 은근히 결혼식 비용과 전세자금 정도는 부모가 대줄 것으로 기대하고 있다. 하지만 그 자금을 지출하고 나면 아무런 수입이 없는 부모는 앞으로 남은 인생을 무엇으로 산단 말인가?

이런 상황에서는 가장 먼저 부모와 자녀가 대화를 통해서 관계를 명확히 하는 것이 중요하다. 우선 현재의 재무 상태를 작성하고, 이를 자녀들에게 공개하는 것이다. "현재 상황이 이러니 부모가 너희들에게 지원해줄 수 있는 돈은 이 정도"라고 솔직하게 털어놓고 대화한다. 그러면 자녀들과 경제적인 면에서 지원금의 적정선을 긋고 정리할 수 있다.

정영준 씨 가정의 재무 상태를 살펴보면 다음과 같다.

표8 정영준 씨 재무상태 분석　　　　　　　　　　　　　　　　(단위: 만 원)

자산		부채 및 순자산	
아파트	60,000	부동산 담보대출	10,000
금융자산	10,000		
퇴직금(예상)	7,000		
총자산	77,000	총부채	10,000
		순자산	67,000

정영준 씨가 자녀들에게 전세보증금 조로 지원할 수 있는 돈은 현실적으로 7,000만 원에 불과하다. 그리고 결혼식 비용은 축의금으로 해결한다고 가정하면 영준 씨는 그나마 어렵게라도 노후 준비를 할 수 있다. 문제는 집을 담보로 대출을 해서라도 부모가 도와주길 바라는 자녀들의 기대치다. 하지만 새로운 담보대출을 일으키는 것은 수입이 없는 영준 씨의 노후에 매우 치명적인 위험 요인으로 작용할 수 있다. 따라서 부모는 자신들의 노후자금 필요 금액과 해결 방안에 대한 대책을 분명히 파악하고 세워놓아야 한다.

영준 씨의 경우 노후자금에 대한 해결책은 국민연금 수령액 |60~65세부터 수령 가능|과 집을 담보로 받는 주택연금이 전부다. 그러므로 자금 운용에 대한 입장을 분명히 정하는 것이 매우 중요하다. 영준 씨 부부가 노후에 필요한 자금의 현금 흐름을 예상해보면 다음과 같다.

표9 정영준 씨 예상 가계수지표

(단위: 만 원)

현금 유입		현금 유출	
국민연금	60	주거생활비	150
주택연금	120	문화 교제비	50
기타 노령연금 등	12		
현금 유입 계	192	현금 유출 계	200
		잉여자금	-8

    현금흐름표에서 보면, 국민연금 액수와 주택연금 액수에 따라 수입 금액이 크게 다르기 때문에 자녀에게 자금을 지원할 수 있는 금액에서도 차이가 많이 난다. 현재 시가 6억 원 하는 아파트에 부동산 담보대출 1억 원이 있는 상태인데 이를 어떻게 상환하느냐에 따라 수입이 달라진다. 먼저 주택연금을 신청하면서 담보대출 1억 원을 상환하는 방식으로 인출 한도를 1억 원으로 결정하면 평생 71만 원 정도를 받을 수 있다. 아니면 가지고 있는 금융자산에서 1억 원을 상환할 경우 부부가 사망할 때까지 매월 120만 원 정도를 받을 수 있다. 그러므로 1억 원의 금융자산으로는 대출금을 상환하는 것이 훨씬 효율적이다. 다만, 현실적으로 자녀 결혼 시 전세보증금이라도 마련해주겠다고 생각한다면, 어쩔 수 없이 금융자산과 퇴직금을 활용해서 주고, 주택연금으로 받을 수 있는 금액을 낮출 수밖에 없다. 영준 씨의 고민은 자녀의 결혼을 앞둔 모든 부모들이 가지는 고민이기도 하다.

체면 때문에 무리하는 자녀 결혼,
자식도 부모도 망친다

분당에 사는 한 고객이 상담을 요청하러 왔다. 노후자금에 대해서 상담하려고 찾아온 장현순(57세·가명) 씨였다. 그녀의 남편(60세)은 의사였는데 가진 재산 중 현금을 모두 합산해보니 10억 원 정도가 됐다. 일반적으로 10억 원이라고 하면 적지 않은 금액이니 노후에 별 걱정이 없을 거라고 생각할 수도 있다. 하지만 이들의 경우는 안타깝게도 10억 원으로 안정적으로 노후를 준비할 수가 없었다. 장현순 씨에게 노후에 한 달 생활비가 얼마 정도 필요할 것 같으냐고 물었더니 적어도 월 700만 원 정도는 있어야 하지 않겠느냐는 대답이 돌아왔기 때문이다. 남편이 병원 부원장으로서 한 달에 1,5000만 원 정도의 월급을 받는 고소득자이지만 700만 원의 월 생활비를 쓴다면 노후는 낙관적이지 않았다.

그들에게 가장 큰 장애물은 바로 자녀들의 결혼이었다. 대기업에 다니는 아들이 있는데, 곧 결혼을 하게 되면 살 집 정도는 마련해줘야 한다는 생각을 갖고 있었다. 최소한 강남이나 반포 정도에 신혼집을 마련해주려고 하니 4억 원 정도의 자금이 필요했다. 나는 아들 신혼집 비용 4억 원을 뺀 6억 원으로 노후자금 운용 계획서를 짜보았다. 12년이 지나면 가지고 있던 자금이 바닥난다. 그때가 되면 남편의 나이는

72세, 장현순 씨의 나이는 69세가 된다. 평균수명을 생각하면 한참 더 살 수 있는 나이다. 그제야 아들에게 4억 원을 주려고 했던 생각이 얼마나 무모한 생각이었는지 깨닫고 2억 원 정도로 예산을 낮춰 잡았다.

이 사례를 통해 알 수 있듯이 고소득층이 가진 애매한 자산이 노후 준비를 더 취약하게 만들 수 있다. 결혼식도 거창하고 화려하게 해야 하니 돈이 아무리 많아도 밑 빠진 독에 물 붓기 식이다. 많은 부모들이 자녀의 결혼식 앞에서 마지막 노후자금을 탈탈 터는 이유는 앞서 언급했듯이 바로 체면 때문이다. 자녀가 어떤 수준으로 결혼식을 치렀는가에 부모의 체면이 달려 있다고 생각한다.

부모는 자녀에게 어떤 결혼이 올바른 결혼인지 가르쳐줄 수 있어야 한다. 무조건 돈을 들여서 자녀를 결혼시키려는 생각이 자녀의 의존성을 더욱 키우는 결과를 가져오기 때문이다. 자신의 재정 규모를 충분히 검토해서 결혼자금으로 얼마를 줄 수 있는지 자녀가 대학에 다닐 때부터 미리 말해두는 것이 현명하다. 처음엔 귀담아듣지 않던 자녀도 반복해서 말해주면 수긍하고 받아들이게 된다. 그럼 자녀는 자신도 모르는 사이에 그 금액 안에서 결혼을 준비해야 한다는 인식을 하게 되고, 부모는 미리 호화 결혼식으로 낭비될 자금을 지킬 수 있게 된다.

보통 상담을 오는 젊은이들에게 나는 결혼 비용을 최소화할 수 있는 결혼총액제를 권한다. 결혼총액제란 예비 신랑과 신부가 결혼식에 쓸 비용을 미리 하나의 통장에 넣어서 같이 예산을 잡고 지출하는 것이다. 신랑과 신부가 각각 따로 결혼자금을 쓰게 되면, 상대방이 얼마나 쓰는지 알 길이 없다. 그래서 결혼 이후에 날아오는 할부 카드대금 명세서로 인해 불화가 생기기도 한다. 하지만 결혼총액제는 결혼 이전에 예비부부가 빚 없이 결혼식을 할 수 있도록 계획을 세우기 때문에 과도한 지출을 미연에 막는 효과가 있다. 이러한 결혼총액제를 활용하기 위해서는 부모의 올바른 결혼 지침이 있어야 한다.

결혼총액제로 돈도 모으고
부모 노후도 지킨 신랑 신부

예비 신랑과 신부가 결혼총액제를 사용해서 적은 금액으로 결혼식을 잘 치른 모범적인 케이스가 있다. 백희주(30세·가명) 씨는 부모의 도움을 받지 않고 결혼총액제를 사용해서 총 9,000만 원으로 결혼에 대한 모든 비용을 충당했다. 두 사람은 먼저 신랑이 직장생활을 하며 모은 5,500만 원과 신부가 모은 3,500만 원을 합해 9,000만 원이 든 통장을 만들었다. 통장의 자금 7,000만 원과 3,000만 원을 대출받아서 1억 원으로 신혼집을 마련했다. 대출금 3,000만 원은 연 4% 이자율로 계산하면 월 10만 원 정도의 이자만 내면 된다. 신혼부부가 6년 동안 잘 모으면 갚을 수 있는 금액이기 때문에 긍정적인 빚이다.

두 사람은 예단을 생략하고 반지는 이미 끼고 있던 커플링으로 대신하면서 모든 결혼 비용을 900만 원으로 간단하게 해결했다. 신혼살림에 필요한 각종 가전제품과 가구들은 각자 자취할 때 쓰던 물건들을 그대로 가져와서 사용했고, 그래도 없는 물건들은 친구들이나 친척들의 선물로 마련했다. 대형 가전제품은 싸게 살 수 있는 통로를 이용해서 100만 원으로 해결했다. 웨딩사진 촬영도 저렴하게 100만 원에 했고, 신혼여행은 추억이 될 터이니 조금 써서(?) 230만 원의 패키지여행 상품으로 호주를 다녀왔다. 신혼여행 후 이 부부는 1,100만 원을 남겨 예비비 500만 원, 비정기 지출 600만 원을 준비했다.

희주 씨는 자신의 월급 230만 원과 신랑의 월급 250만 원을 합쳐 그중에서 300만 원을 저축하고 나머지는 생활비에 쓰기로 계획했다. 한 달에 300만 원을 저축하면 3년마다 원금만 1억800만 원이 모인다. 이 돈이면 앞으로 출산할 자녀 양육과 주택 마련을 충분히 감당할 수 있는 금액이다. 이렇듯 희주 씨가 안정된 신혼생활을 시작할 수 있었던 것은 체면이나 남들에게 보이기 위한 결혼식에 연연하지 않고 실속 있게 자신의 삶을 계획하고 꾸려갈 수 있었기 때문이다.

부모의 입장에서도 좋은 일이다. 결혼식 비용이 들지 않으니 그 비용만큼 노후자금을 마련할 수 있게 됐기 때문이다. 그런데 사람들이 결혼총액제를 기피하는 것은 몰라서일 수도 있지만 체면을 잃는 것을 두려워하기 때문이다. 그래서 부모는 부모대로, 자녀는 자녀대로 무리하게 빚을 내서라도 호화롭게 호텔 결혼식을 올린다. 비싼 결혼식을 치른 만큼 신혼여행도 호화판으로 다녀오고, 신혼집도 무리를 해서 장만한다. 그리고 신혼살림도 최고급으로 장만하게 된다. 양가 예단도 남들에게 자랑할 만해야 한다. 경제적으로 아주 넉넉한 경우가 아니라면 이렇게 무리를 한 부모는 자식들에게 유·무형의 보상을 기대하게 된다. 결혼 이후에도 혼수 문제로 갈등을 빚는 경우가 많이 생기는 이유다.

그래서 결혼식을 어떻게 하느냐는 신혼집 결정에도, 혼수에도 커다란 영향을 미친다. 꼭 호텔 결혼식이 아니어도 마찬가지다. '주변에서 다들 그렇게 하니까' 또는 '체면이 있으니 나도 질 수 없지…'라는 생각으로 하는 결혼식이 그렇다. 그 하루의 대가가 부모와 자녀의 삶에 치명적일 수 있는 것이다.

3 자녀 사업자금, 노후를 가시밭길로

　아버지가 왕성하게 경제활동을 하는 40대에는 보통 자녀들이 중·고등학생인 경우가 많다. 하지만 부모가 정년퇴직을 앞두고 점점 흔들리는 50대가 되면 대부분의 자녀들은 대학 진학이나 유학, 결혼을 하면서 부모의 자산을 크게 축내기 시작한다. 그렇게 다 털어주고 나면 정년퇴직 후 부모의 노후자산은 바닥이 난다. 특히 55~65세까지는 연금 공백 기간이라 자연스럽게 현금을 빼서 먹을 수밖에 없는 시기다. 그런데 이 시기에 또다시 자녀들이 사업을 한다면서 부모에게 손을 내밀면 어쩔 수 없이 부모는 노후자산을 잘라서 내주게 된다. 그야말로 스스로 무덤을 파는 행위다. 지금 독거노인으로 비참하게 삶을 이어가는 노인들 중에 많은 수의 사람들이 자녀의 사업자금을 밀어주다가 빚

더미에 올라앉았거나, 재산을 몽땅 잃어버린 경우다. 그만큼 자녀는 부모의 노후 준비에 절대적인 변수인 것이다. 그러다 보니 자녀를 버려야 부모가 살 수 있다는 이야기가 나올 정도다.

부모 등골 브레이커, 청년 창업

취업이 어려운 세태를 반영해 붐을 이루고 있는 청년 창업. 겉으로 보면 그럴듯하지만 내막을 들여다보면 많은 부모들의 노후를 위태롭게 하는 지뢰밭이다. 스스로 자금을 모아서 창업하는 청년이 그리 많지 않기 때문이다. 중·고등학교 때는 옷과 운동화, 학원비로 등골을 빼 먹던 자녀들이 대학을 졸업하면 또 부모의 등골이 빠지게 창업자금을 확보하는 경우가 많다.

고객의 아들이 요즘 가장 일반적인 창업 아이템인 편의점을 열게 된 경우가 있었다. 아들이 3,000만 원 정도를 모았기 때문에 창업비인 1억~1억2,000만 원 중 필요한 나머지 금액 7,000만 원을 부모가 담보대출로 마련해주었다. 하지만 아들은 하루 종일 가게를 지켜야 하는 편의점 일을 힘들어했고, 결국 아버지가 울며 겨자 먹기 식으로 편의점을 고스란히 떠안게 됐다. 설상가상으로 주변에 다른 브랜드의 편의점이 크게 들어서면서 손님이 뚝 끊겼고, 적자의 폭이 점점 커져서 끝내 가게 문을 닫고 말았다. 문을 닫고 나서도 프랜차이즈 본사에 가맹점이 내야 하는 비용 4,000만 원을 내고 나니 남는 것도 없이 빚만 잔뜩 지게 됐다.

나는 부모들과 상담할 때 자녀에게 무턱대고 사업자금을 대주지 말라고 강조한다. 굳이 주고 싶다면 자녀가 중소기업이라도 들어가 충분히 사회 경험을 쌓으면서 분별력과 통찰력을 기른 다음에, 또한 부모도 나름대로 노후 대책을 튼튼하게 만들어놓은 후 그래도 줄 여력이 있으면 주라고 말한다. 요즘 청년 창업은 주로 커피 전문점이나 통신기기 판매점, 앱 개발 등이 대부분이다. 하지만 빚을 지고 시작하면 거의 승산이 없다고 보는 게 옳다. 커피숍의 경우 빚 없이 시작하면 하루에 45잔만 팔아도 손익분기점이 되는데, 빚을 지고 시작하면 60잔 이상을 팔아야만 된다. 요즘 커피숍 중에서 하루 100잔 이상 파는 곳이 거의 없다고 하니 적자에 허덕이다가 곧 망하게 되는 것이다.

회사의 규모가 곧 자신의 신분이라고 생각하는 요즘 젊은이들은 중소기업에 입사하지 않으려는 경향이 많다. 우리 회사만 하더라도 신입사원 공고를 내면 지원자들이 그리 많지 않다. 중소기업에 입사를 하게 되면 대기업에 다니는 주변 친구들과 비교가 되니까 스스로 주눅

이 드는 것이다. 그래서 차라리 안정적인 공무원이 되기 위해 공무원 시험을 공부하는 학생들도 많아졌다.

대부분 풍족한 환경 속에서 자란 요즘 젊은이들은 '젊어서 고생은 사서도 한다'는 말에 전혀 공감하지 않는다. 그저 어떻게 해서든 쉽고 빠르게 성공의 길에 들어서고 싶어 한다. 그러다 보니 자기 자신만의 가치관을 갖고 비전을 세우기보다는 쉽게 부모에게 의존해서 안정된 생활을 누리고 싶어 하는 의식에 젖어 있다. 그들은 부모 세대가 어떻게 지금의 재산을 모을 수 있었는지 그 과정에 대해서는 그다지 관심이 없다. 그야말로 과정이 없이 결과만을 얻고 싶어 하는 단편적이고 얕은 가치관으로 감각적인 것만을 추구한다. 그러다 보니 남들이 하면 아무 생각 없이 따라서 어학연수나 창업을 결정하고 쉽게 부모에게 손을 내민다. 그런 의존적인 자녀들을 대량 양산한 것은 결국 따지고 보면 부모 세대의 책임이기도 하다.

집 담보로 대준 사업자금, 부모 신용불량 만들어

간혹 노후의 안정된 삶을 위해 자녀의 사업자금에 투자한다고 생각하는 부모들도 있다. 하지만 자녀의 사업자금을 밀어줘서 자녀로부터 노후자금을 받았다는 부모 이야기는 거의 들어본 적이 없다. 앞서 누누이 설명했듯이 지금의 신자유주의 무한경쟁 속에서 자녀는 자신들의 삶을 일궈나가는 것만으로도 다급하고, 결혼 후에는 새롭게 이룬 가정을 지키기도 힘에 벅차서 부모에 대한 의무감이나 책임감을 등한시하기가 쉽다. 부모에게 얼마 정도의 용돈을 주는 것으로 자식의 의무를 마감하는 자녀들이 대부분이다. 그러므로 자녀의 사업자금에 투자해서 노후를 저당 잡히는 것이야말로 노후 준비의 가장 큰 함정이라고 할 수 있다. 우리가 이렇게 여러 번 같은 얘기를 반복해서 강조하는 것은 그만큼 노후 준비에 있어서 중요한 사실이기 때문이다.

60대 후반인 어느 부부의 사례로, 가슴 아픈 이야기다. 경기도 외곽에서 2억 원 정도 하는 빌라에 살고 있던 그들은 사업자금을 빌려달라고 사정하는 아들에게 져서 결국 집을 담보로 1억 원을 대출하고 신용대출 5,000만 원을 내서 아들에게 건네줬다. 부부에게는 매일 돌봐야 하는 지체장애인 딸이 있었다. 딸 앞으로 나오는 장애인연금 15만 원 정도와 남편의 노령연금 30만 원, 그리고 부인이 아이돌보미를 하면서 버는 100만 원을 합해서 총 150만 원이 그들의 한 달 수입이었다. 그런데 아들은 사업 부진으로 힘들어하다가 대출이자를 꼭 내겠다는 약속을 어기고 잠적해버렸다. 부부는 대출이자와 딸의 약값 등을 빼고 나면 생활비가 턱없이 모자라는 상황 속에서 또다시 카드론으로 5,000만 원의 빚을 지게 되었다. 이러한 악순환이 계속되면서 가계 재정은 파탄에 이르게 되었고, 대출이자를 갚지 못해 신용불량자가 되었다. 아무리 찾아봐도 달리 방도가 없었다. 나는 어쩔 수 없이 부부에게 개인회생을 권유했다. 결국 그들의 노후가 불행한 벼랑 끝으로 내몰리게 된 것은 아들의 사업자금을 대출하면서부터 시작됐다. 이런 경우는 주변을 돌아보면 셀 수 없이 많다.

또 다른 사례다. 한번은 65세 된 고객과 전화 상담을 한 적이 있었다. 그분은 5억~6억 원 되는 주택을 보유하고 있었는데, 1억2,000만 원의 은행 융자가 있는 상태였다. 그런데 사위가 사업자금이 부족하다고 대출을 부탁해서 거절했지만, 딸과 같이 와서 여러 번 통사정하는 바람에 더 이상 버티지 못하고 캐피털에서 연 10%의 이자로 3억 원을 대출해주게 됐다. 하지만 사위의 사업은 망했고, 빚은 고스란히 노인의 짐이 됐다. 사위는 대출금의 이자를 낼 형편도 안 됐고, 게다가 노인의 명의로 빚을 내고 사위가 보증을 섰기 때문에 수입이 없다는 이유로 은행전환대출도 불가능한 상태였다. 노인은 끝내 울음을 터뜨렸다. 하지만 나는 그저 안쓰럽게 그 아픔에 공감해주는 것밖에 딱히 조언해줄 말이 없었다. 결국 자식의 사업자금을 위해 대출한 것이 치명적인 복병이 되어 그 어르신의 노후의 삶은 쑥대밭이 되고 말았다.

미국 부모, 자녀 고등학교 졸업하면 무조건 내보낸다

미국의 경우, 일찍 자녀를 독립시키는 것이 사회적인 가치관으로 정착되어 있어서 그나마 서브프라임 폭풍을 맞고도 노후가 안정적인 편이다. 지인 중에 미8군에서 근무하는 미국인 대령이 있다. 8명의 자녀가 있는데 4명은 친자녀이고, 4명은 입양한 자녀다. 그는 자녀들이 고등학교를 졸업하자마자 자신의 임무는 끝났다고 선언하면서 벌써 3명의 자녀를 사회로 내보냈다고 한다. 우리나라 부모들이 생각하면 상식적으로 이해가 되지 않을 수 있지만, 바로 이것이 미국인의 노후를 지켜주는 사고방식이다.

미국인들은 일단 자녀가 대학에 진학하면 기숙사 비용과 책값, 용돈 등을 자녀 스스로 아르바이트를 해서 충당하는 것을 당연하게 생각한다. 그리고 학자금은 융자를 받아서 직장을 가진 이후에 장기적으로 갚아나가도록 한다. 물론 우리나라에도 학자금대출이 있기는 하지만 부모 명의로 대출을 받거나 부모가 보증을 서는 경우가 많다. 나중에 고스란히 부모의 빚이 되는 경우가 많은 것이다. 하지만 미국에서는 학생 명의로 융자를 받고 그것을 자녀가 부담하도록 하는 것이 일반적이다.

아래 도표를 보자. 일반적인 미국 가정에서 부모가 학자금을 감당하는 비율은 36% 정도이다. 그리고 부모의 이름으로 빌리는 것보다 학생 이름으로 빌리는 금액이 훨씬 많다. 특이한 점은 학생이 벌거나 모아둔 돈이 11%나 된다는 점이다. 부모가 100% 자녀의 학비를 감당하는 것이 당연시되어 있는 우리나라 사람들의 사고방식과는 많이 다른 부분이다.

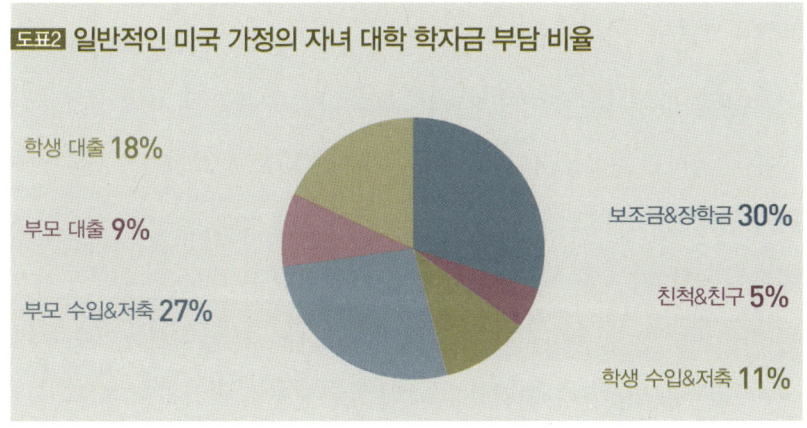

도표2 일반적인 미국 가정의 자녀 대학 학자금 부담 비율

학생 대출 18%
부모 대출 9%
부모 수입&저축 27%
보조금&장학금 30%
친척&친구 5%
학생 수입&저축 11%

물론 미국에서도 일부 상류층은 사립학교를 보내며 우리나라 부모들만큼 자녀 교육에 돈을 쏟아붓기도 한다. 하지만 말 그대로 일부 상류층의 이야기이고 일반인들은 다르다. 신자유주의 경제 속에서도

미국의 중산층들이 버틸 수 있었던 것은 이렇듯 장성한 자녀에 대한 경제적 부담으로부터 자유롭기 때문이다. 그럼에도 불구하고 서브프라임 이후 미국의 중산층이 무너지고 있는 현실을 보면 자녀들을 끝까지 도와줘야 한다고 믿는 우리나라 부모들의 노후가 풍전등화처럼 위태롭게 느껴진다.

미국에서는 학생들이 고등학교를 졸업한 후 무조건 대학에 진학해야 한다고 생각하지도 않는다. 2년제 칼리지를 선택해서 가는 경우도 있고, 학업을 중단하고 자신의 길을 찾는 경우도 많다. 부모의 걱정이 그만큼 줄어드는 것이다. 하지만 우리나라의 경우는 자녀가 고등학교를 졸업하면 무조건 4년제 대학에 가야 한다고 생각한다. 그뿐만 아니라 사회에서 인정받을 수 있는 서울대학이나 사대문 안에 있는 명문 대학에 보내려는 것이 인생 최대의 목표이다. 명문 대학을 나와도 취업을 하지 못하는 젊은이들이 점점 늘어나고, 나이가 들어서까지도 부모에게 의존하는 것을 당연시하는 자녀들이 있는 우리나라의 경우는 그만큼 경제적으로나 노후 대책 면에서나 부모에게 불리하다.

이제 노후 30~40년의 삶이 더 주어졌다. 자녀를 어디까지 책임질 것인지 다시 한 번 생각해봐야 할 시점에 이르렀다. 아주 넉넉하다면 자녀 대학 학자금, 유학 비용, 결혼자금까지 다 대줘도 문제없을 것이다. 그러나 주택 담보대출, 신용대출 등 빚을 얻어서 이 비용들을 대준다면 노후는 비참해진다. 자녀를 고등학교까지는 보내야겠지만 대학부터는 형편대로 지원할 것을 권한다. 예를 들어 빚 없이 대학 학자금을 대줄 수 있다면 학비는 보태주되 결혼 비용은 자녀에게 맡기고, 안되면 자녀 이름으로 학자금대출을 받아 취업 후 스스로 갚아나가도록 하는 것이다. 이때도 자녀에게 돈이 없다고 미안해할 것이 아니라 부모의 형편을 얘기하고 당당하게 독립을 권유하는 것이 자녀들에게도 독립심을 키워주는 길이다.

3부

퇴직 후 창업,
웬만하면 하지 마라

I. 600만 자영업자 시대

정년퇴직을 할 때 대부분의 남자들은 자신이 올라갈 수 있는 최정상의 자리에서 내려오게 된다. 그래서 비록 하루아침에 무직자 신세가 됐지만, 체면과 자존심을 버리고 더 낮은 자리로 고개를 숙여 재취업하는 것이 쉽지 않다. 게다가 특별한 기술이 없이는 새로운 직장을 구한다는 것 자체가 하늘의 별 따기라서 스스로 작은 사업이라도 시작해서 '사장'이라는 직함을 갖고 어깨 펴고 사는 것이 속 편하다고 생각한다. 가끔 누가 창업을 해서 성공했다는 소리를 들으면 그런 성공의 대열에 서고 싶다는 기대감과 욕심도 꿈틀거리게 된다.

그뿐만 아니라 당장의 생활비도 해결해야 한다. 50대면 자녀들

이 대학생인 경우가 많아서 교육비가 가장 많이 드는 시기이다. 또 곧 자녀의 결혼도 다가온다. 뭉텅뭉텅 돈 들어갈 곳이 많으니 어떻게 해서든 돈을 벌어야 한다는 압박감에 떠밀려 제대로 알아보지도 않은 채 사업에 손을 대는 경우가 많다. 갖고 있는 자산에 따라 약간의 차이는 있지만 일반적으로 2억~3억 원의 자금을 갖고 있는 경우는 프랜차이즈 업종을 주로 선택한다. 그리고 그 이하의 소자본으로는 분식점이나 편의점 같은 자영업을 시작하는 경우가 많다. 문제는 아무런 경험 없이 무작정 시작한 이런 자영업이 대부분 실패의 길을 걷게 된다는 것이다.

"베이비부머 치킨집 때문에 한국이 흔들리고 있다"

자영업은 IMF 이전과 이후가 매우 다르다. IMF 이전에는 그래도 자영업자들이 돈을 벌 수 있는 구조 속에 있었다. 하지만 IMF 이후 대기업이나 중소기업에서 대량으로 정리해고된 사람들이 호구지책으로 선택한 일이 자영업이다. 퇴직 후 당장 일자리를 구하기 어려운 상황에서 먹고 살기 위해 무턱대고 가게를 여는 사람들이 많은 것이다. 경쟁이 심화되면서 자영업은 제 살 깎아 먹는 구조 속에 들어가게 되었다. 통계청 자료에 의하면, 자영업자의 수는 2000년 이후 매년 증가해서 2013년 4월에는 571만6,000명으로 나타났다. 이는 OECD 국가 평균보다 높은 수치이다.

미국 월스트리트저널(WSJ)이 지난 9월 "한국의 은퇴한 베이비부머들이 너도나도 빚을 내서 치킨집 등 외식업에 뛰어들어 경제 전반에 먹구름이 드리우고 있다"고 보도했을 정도다. 월스트리트저널은 한국의 대기업들이 대부분의 사원을 50대에 해고하는 반면 연금 체계는 열악해 기업에서 밀려난 베이비부머 가운데 상당수가 자산을 담보로 대출받아 치킨·피자집을 열고 있다고 소개했다. 또한 인구 1,000명당 음식점 수가 12개로 미국의 6배, 일본의 2배에 달하며, 특히 치킨집의 경우 지난 10년간 세 배로 늘어났다고 전했다. 그야말로 "치킨집 때문에 한국이 흔들리고 있다"는 말이 나올 정도다.

너도나도 창업을 하다 보니 한 골목에 3~4개의 치킨집, 커피숍, 휴대전화 가게, 제과점, 분식점, 옷가게 등이 들어선다. 그리고 얼마 버티지 못한 채 문을 닫는 자영업자들이 속수무책으로 늘어나고 있다. KB금융지주 경영연구소에 따르면, 창업자 중 절반 정도인 47%는 3년 안에 망한다. 그러다 보니 2010년 폐업자 수는 84만 명에 달했다. 이미 어느 정도 알고 있는 사항이었지만 악화 일로를 걷고 있는 자영업자의 현실을 실제 수치로 확인하고 보니 안타까울 뿐이다.

표1 자영업자 업종/기간별 휴·폐업률

(단위: %)

	1년 미만	3년 미만	총폐업률
주점·유흥서비스	26.4	62	88.7
정보통신	23.4	56.1	84.7
음식점업	20.2	52.2	81.7
의류·잡화점	22.2	53.6	79.1
스포츠·오락	18	46	78.5
전자제품	16.8	44.8	75.7
학원·교육서비스	11.4	36.6	75.3
숙박업	16.4	41.6	73
합계	18.5	46.9	75.4

(출처: KB경영정보리포트 2012-12호)

골목상권 위협하는 대기업, 대출 권장하는 정부

자영업자들이 우후죽순으로 많이 생겼다가 사라지는 것은 신자유주의 경제 흐름과도 무관하지 않다. 우리나라의 2012년 1인당 국민총소득은 2만2,700달러로 겉으로 보기엔 경제적으로 매우 높은 성장을 한 것처럼 보인다. 하지만 실상을 들여다보면 상황은 매우 다르다. 앞에서도 얘기했지만 지난 1997년 IMF 외환위기 이후 중산층 비율은 현저하게 감소했고 부익부 빈익빈 추세가 심각해지고 있다. 1등만 살아남는 무한경쟁의 신자유주의 흐름은 자영업 시장에까지 영향을 미치고 있다. 대기업이 동네 골목 시장까지 침투해서 소규모 자영업자들의 목줄을 압박하고 있는 것이다.

예전에는 떡볶이·김밥 등의 분식점이나 빵집, 그리고 문구점 등은 자영업자의 전유물이었다. 그러나 이제는 대기업이 손을 뻗치게 되면서 자영업자들은 점점 벼랑 끝으로 내몰리게 되었다. 대형마트들이 작은 동네 슈퍼마켓까지 공략에 나서자 많은 소매점 자영업자들이 줄줄이 도산을 하고 문을 닫았다. 내가 아는 어르신은 30년이 넘게 운영해온 가게를 눈물을 머금고 접어야 했다. 바로 옆에 대형마트가 들어섰기 때문이다. 소비자들은 편리하고 깔끔한 대형마트로 발걸음을 돌렸다. 대기업이 소상인들의 시장을 휩쓸어버린 것이다. 막강한 자금력을 바탕으로 물건값을 낮춰 전략적으로 공략하는 대기업과 맞서게 된 자영업자들은 제대로 경쟁 한 번 못해본 채 추풍낙엽처럼 떨어지고 말았다. 그럼에도 불구하고 일자리를 찾지 못한 퇴직자들은 다른 돌파구를 찾지 못한 채 꾸역꾸역 자영업자 대열에 발을 집어넣는 안타까운 악순환이 계속되고 있다.

여기에 정부의 정책도 한몫을 했다. 당장 눈앞의 실업 문제를 해결하기 위해 퇴직자들에게 창업 지원금을 대출해주는 형식으로 자영업자를 양산한 것이다. 그리고 다른 한편에선 대기업이 골목 시장까지 침투하도록 손을 들어준 셈이다. 상황이 이렇다 보니 자영업을 시작해서 절반 정도가 3년 안에 망하는 것이다.

    요즘 창업자들 중에는 3,000만 원 정도의 소액 자본금으로 떡볶이나 김밥을 파는 분식집을 시작하는 경우가 많다. 이들의 경우 창업의 벽이 낮은 만큼 경쟁률이 더 치열해질 수밖에 없다. 우리 아파트 입구의 상가에는 떡볶이집이 7개나 들어서 있다. 이런 현상은 비단 우리 아파트에 한정된 일이 아니다. 웬만한 아파트 상가에는 여러 개의 분식점이나 작은 커피숍이 나란히 들어서 있는 경우를 종종 볼 수 있다. 결국 자영업자들끼리 서로 경쟁을 하느라 수익성은 낮아지는데 임대료는 치솟으니 폐업을 하게 된다. 안타깝게도 자영업자들의 최대 적은 바로 같은 자영업자가 되고 있는 것이다.
    자영업자들의 문제가 곧 사회 문제로까지 확대되는 이유는 600만 명에 육박하는 자영업자들이 엄청난 금액의 자금을 운용하고 있기 때문이다. 이 막대한 자금이 자영업자들의 몰락과 함께 부채로 바뀌게 된다면 국가 경제가 휘청거릴 만한 큰 부담이 될 것이다.

    일반적으로 소액 자영업자들이 한 달에 수익금으로 가져갈 수 있는 금액은 대략 300만 원 정도다. 보통 자영업은 부부나 가족이 운영하는 경우가 많으므로, 1인당 평균 순수입을 따지면 150만 원 선이다. 그렇게라도 수입이 계속 지속되면 좋은데 장사가 되지 않아 적자를 보거나 결국 폐업을 하게 되면 투자한 모든 돈은 잃어버리고 설상가상 빚까지 지게 되는 경우가 많다. 그런 위험까지 감수하면서 월 150만 원 정도의 수입을 위해서 하루 종일 고된 육체노동에 시달려야 하는 것이 50~60대 자영업자의 가혹한 현실이다.

주변에 맘에 드는 일자리를 구하긴 어렵고, 자존심을 구기며 허드렛일을 하기 싫어서 자영업에 뛰어들었다가 돈 잃고 건강까지 잃은 채 낙심하는 친구들이 많다. 적지 않은 나이에 자영업을 시작했다가 실패하게 되면 결과가 비참하다. 그래서 퇴직 후에는 새로운 도전이나 위험을 감수해야 하는 창업보다는 월급을 받는 것이 바람직하다. 그래서 나는 소액 창업보다는 노후자금을 안정된 금융 상품으로 관리하면서, 적은 임금이라도 일자리를 찾도록 적극 권장한다. 직장을 갖게 되면 원금 손실이나 빚에 시달릴 위험이 없고, 상대적으로 안정된 노후를 보낼 수 있기 때문이다.

프랜차이즈로 성공하기 어려운 이유

퇴직 후 2억 원 이상의 자금력을 가진 사람들은 프랜차이즈 업종에 뛰어든다. 하지만 프랜차이즈 창업이라고 해서 예외는 아니어서,

얼마 지나지 않아 폐업을 하게 되는 경우가 많다. 내막을 알고 보면 그럴 수밖에 없는 사정이 있다.

프랜차이즈 커피 전문점을 계약할 때 실제 들어가는 비용을 살펴보면 다음과 같다.

40평 기준 가맹비 1,000만 원, 사업비 1,000만 원, 내부 인테리어와 집기 등을 포함한 인테리어 1억 원, 좌석 50~60석 기준 의자와 탁자 비용 1,600만 원, 간판 비용 1,200만 원, 상품의 제조와 판매 관련 기계 장비 4,600만 원, 모두 합해서 부가세 제외하고 1억9,400만 원이 필요하다. 그런데 이 금액은 가게 임대료를 제외한 금액이다. 여기에 권리금이나 임대료까지 더하면 3억 원이 훌쩍 넘는다. 그 외에도 에어컨, 화장실, 테라스 등의 부수적인 시설들이 추가되면 최소 3억~5억 원의 비용이 있어야 한다는 결론이 나온다.

내 지인도 프랜차이즈 음식점을 개업했는데, 1년 정도가 지나자 본사에서 다른 브랜드 업종으로 교체하도록 권고를 받았다. 그 이유는 일반적으로 1년 정도가 지나면 장사가 잘되던 곳도 점점 수익률이 떨어지기 때문이다. 업종에 따라 2~3년인 경우도 있는데, 음식도 패션처럼 유행을 타기 때문이다. 그런데 다른 브랜드로 갈아타기 위해서는 인테리어 설비 등을 교체해야 하는데, 그 비용이 만만치 않다.

이렇게 되니 장사가 잘되는 프랜차이즈 업종을 해도 모아놓은 수익금을 다 써버리는 경우가 허다하다. 어떤 프랜차이즈 업종은 아예 정기적으로 모든 매장의 인테리어를 바꾼다. 인테리어에 관련된 사항들은 본사가 일방적으로 디자인과 비용을 정하기 때문에 본인이 하면 2,500만 원 정도면 할 수 있는 수리비가 6,000만~7,000만 원이 들기도 한다. 하지만 가맹점에 선택권을 주지 않고 본사가 일괄적으로 인테리어를 맡아 하기 때문에 울며 겨자 먹기 식으로 그동안 모은 돈을 인테리어비로 다 쓰게 되는 것이다. 본사는 인테리어 비용에서 이익을 남기는 경우가 많고, 결국 가맹점은 돈도 모으지 못하고 본사만 배를 불려주고 폐업을 하는 경우가 비일비재하다. 게다가 본사 입장에서는 가맹점 하나가 문을 닫는다고 해서 크게 영향을 받지도 않는다. 어디선가 새로운 가맹점이 또 생길 것이기 때문이다.

2. 창업, 그래도 시작한다면 이렇게!

시골에서 50대에 카페 창업 꿈꾸는 부부 교사 이야기

2011년 봄, 경기도 구리에서 교사를 하는 부부가 친구의 소개로 「돈 걱정 없는 신혼부부」를 읽고 상담을 하러 왔다. 남편은 특수학교 교사이고, 아내는 초등학교 교사였다. 부부는 함께 시골에서 카페를 운영하는 것이 꿈이라고 했다. 서울과 수도권에서 아이들을 교육시키기보다는 지방에서 카페를 운영하며 인생을 여유롭게 보내고 싶다고 했다. 나(김의수)는 커피에 관심이 많아 바리스타 자격증도 따서 직접 커피를 내려 마시고 고객들에게도 대접한다. 내 사무실 창가에는 에스프레소 머신과 3일마다 집에서 로스팅한 원두, 그리고 드립 기구들이 한 자리를 차지하고 있다. 그래서 우리는 자연스럽게 커피에 대한 많은 이야기를 나누게 되었다.

나는 부부가 정말 그 꿈을 이루고 싶으면 먼저 함께 2년 정도, 그게 힘들면 1년만이라도 휴직을 한 후 커피 전문점을 운영해보라고 권유했다. 부부가 막연한 꿈을 꾸는 게 아니었기 때문이다. 아내가 바리스타 자격증을 취득할 정도로 둘 다 커피 마시는 것을 아주 좋아했고, 학교 이야기보다 커피 이야기를 할 때 부부의 얼굴에 미소가 가득했다. 이 정도면 정말 커피를 좋아하고 준비가 되어 있는 사람들이었다. 부부는 2년 동안 커피 전문점을 운영하면서 이 사업이 본인들에게 맞는 건지, 또 실제 생활할 정도의 수입이 되는지를 테스트하기로 했다. 결국 3개월 동안 준비해서 부부는 구리에 10평 정도 되는 작은 커피 전문점을 오픈했다. 2년 동안 카페를 운영하면서 우리는 3번 정도의 미팅을 통해 꿈과 실제로 카페 운영을 하는 것에 대한 차이점을 분석하며 의논했다.

2013년 9월, 부부는 커피 전문점을 팔고 사무실로 나를 찾아왔다. 부부가 2년 동안 카페를 운영하면서 내린 결론은 잘 준비하면 10년 후에 교직에서 은퇴한 후 지방으로 가서 커피 전문점을 운영할 수 있겠다는 것이었다. 커피 전문점을 하면서 가장 힘들었던 것은 부부가 24시간 동안 함께 일하는 것이었다. 데이트할 때도 몰랐고 결혼하고도 몰랐는데, 24시간을 함께 지낸다는 것이 부부에게 여간 어려운 일이 아니었다. 특히 커피 전문점을 함께 운영하다 보니 작은 일에도 의견 차이로 인해 자주 다투게 되었다. 그리고 본인들이 예상했던 것보다 초기에 수입이 없다는 것을 알게 되었다. 커피 전문점을 오픈하고 처음 한 달 동안은 아는 교회 후배며 친구들이 찾아와서 매상을 올려줬지만, 3개월이 지나자 지인들의 발길이 뜸해지면서 순식간에 매출이 떨어졌다. 1년이 지나서야 조금씩 단골이 생기고, 커피 맛이 좋다는 소문이 나면서 다른 동네에서도 주부 손님들이 찾아오기 시작했다.

초기 예비비로 돈을 준비해놓은 것은 선견지명이 있는 일이었다. 창업을 하면 처음에는 아는 사람들이 많이 오지만, 결국 시간이 지나면 매출이 줄어들게 된다. 그리고 다시 매출이 정상을 회복하기 위해서는 어느 정도 시간이 걸린다. 그 기간 동안 버티면서 경쟁력 있는 맛과 서비스로 무장하는 것이 바로 사업의 성패를 결정한다고 해도 과언이 아니다. 그러므로 수입이 적은 그때를 대비해서 운영자금을 미리 확보해둬야 한다. 나는 부부가 카페를 오픈할 때 2,000만 원 정도 예비비를 확보하도록 권유했었다. 그래야 몇 개월 동안 충분한 매출이 일어나지 않더라도 집에서 생활비로 쓸 자금과 가게 운영자금을 조달할 수 있기 때문이다. 결국 부부는 2년 동안 카페를 운영하면서 손해를 본 것은 아니지만, 큰돈을 벌지도 못했다. 하지만 부부가 원하는 꿈을 이루기 위해 실제로 준비하고 운영했던 2년의 과정은 어떤 돈으로도 살 수 없는 귀한 경험과 산지식이 되었다.

양가 부모님을 위해 창업한 김밥카페 이야기

2009년부터 지금까지 나(김의수)는 삼성역 현대백화점 건너편에 '김밥카페'를 창업해서 운영해오고 있다. 재무상담사란 직업이 있는 나로서는 가게에서 직접 일을 할 수가 없어 처제의 도움을 받아서 시작했다. 아내는 처음에 창업을 계획할 때는 반대했지만, 나의 치밀한 조사와 검토 과정을 지켜보며 결국 동의해주었다. 마침 김밥카페를 열게 된 곳이 내가 일하는 사무실 근처라서 가끔 점심을 먹으러 가보면 늘 자리가 없을 정도로 손님들이 붐빈다. 주위 사람들은 다들 부러워하면서 어떻게 하면 창업에 성공할 수 있는지 내게 물어본다. 창업을 하면서 나름대로 터득한 것들을 나눌까 한다.

2008년 가을, 장모님께서 뇌졸중으로 갑자기 쓰러지셨다. 병원에 입원하신 장모님께 간병인 비용과 병원 비용으로 한 달에 거의 300만 원이 들어갔다. 처음에는 형제들 중에서 여유가 있는 편인 내가 감당하는 것이 당연하다고 생각했다. 하지만 장모님의 투병 기간이 점점 길어지면서 병원비가 걱정되기 시작했다. 사람의 미래란 알 수가 없으니 뭔가 대책을 세우지 않으면 안 되겠다는 위기의식이 생겼다. 게다가 사업 부도 이후 부산에서 지내고 계신 부모님의 생활비도 안정적으로 확보해둘 필요성을 오래전부터 느끼고 있던 터였다. 장모님 병환이라는 뜻밖의 사건 앞에서 창업에 대한 생각을 본격적으로 하게 된 것이다.

어느 날, 대학 시절부터 같이 기독교 동아리 활동을 했던 선배가 김밥카페를 하고 있다는 소식을 듣게 되었다. 나는 당장 교대 부근에 있는 그 선배의 김밥카페를 찾아갔다. 카페 내부가 깔끔하고 세련되어 보여서 맘에 들었다. 음식도 깔끔하고 맛있었다. 선배를 통해 창업에 관한 기본적인 정보들을 접하게 된 나는 김밥카페에 대해서 관심을 갖게 되었다. 김밥카페 메뉴는 120가지가 넘었다. 대부분 1년 사계절 모든 사람들이 즐길 수 있는 대중적인 음식들이었다. 무엇보다 내 맘을 사로잡은 것은 프랜차이즈로 운영되지 않고 협동조합처럼 운영된다는 점이었다. 김밥카페는 본사가 있지만 처음 가맹비 500만 원을 제외하고 일체 본사에 지불하는 돈이 없었다. 가맹비 500만 원도 김밥카페 음식연구소의 재원으로 쓰이고 있었다.

다음 날부터 나는 창업을 위한 준비 작업에 돌입했다. 먼저 사업을 시작하기 위해서는 최악의 경우를 생각해야 한다. 만약 김밥카페를 창업했다가 수익이 나지 않아서 문을 닫게 되면 내가 잃을 것은 무엇인지, 그 금액은 얼마가 될지 생각해보았다. 점포 전세금과 권리금을 합쳐서 2억 원 정도를 예상하고 인테리어 비용을 5,000만 원 정도로 잡는다면, 2억5,000만~3억 원의 창업 비용이 든다. 문을 닫게 되면 2억 원의 전세금과 권리금은 받을 수 있지만, 5,000만 원의 초기 인테리어 비용의 손실은 감수해야만 했다. 고민하는 나를 보며 아내는 무슨 뚱딴지같이 김밥집이냐며 반대를 했다. 나는 아내의 걱정을 덜어주기 위해 철저하게 준비한 다음에도 좋은 자리나 좋은 사람을 구하지 못하면 절대로 시작하지 않겠다고 약속했다. 그리고 그 약속은 진심이었다. 김밥카페 창업에 대해서 관심을 갖고 최선을 다해 조사하고 있었지만, 하지 않을 수도 있다고 마음을 비웠다. 무슨 일이 있어도 창업하겠다는 의지를 갖고 시작하면 자칫 욕심이나 의욕이 앞서서 정작 봐야 할 부분들을 놓칠 수 있기 때문이다.

일단 창업을 하기 위해서는 내 일처럼 나의 역할을 대신해줄 믿음직한 사람이 필요했다. 음식을 기반으로 하는 창업은 결국 음식을 만드는 주방장에게 많이 휘둘리게 되어 있다. 특히, 나는 직접 김밥카페를 운영할 계획이 아니기 때문에 가게에서 실무를 담당할 매니저가 필요했다. 그러다가 막내 처제가 한식요리사 1급 자격증도 있고, 성격도

당차고 씩씩한 데다 대인관계도 좋다는 것에 생각이 미쳤다. 나는 처제에게 모든 조사 내용과 계획을 이야기하며 매니저 일을 맡아달라고 부탁했다. 처제의 승낙을 받은 후 좋은 자리를 물색하기 위해 본격적으로 뛰어다니기 시작했다.

사실 먹는 것과 관련된 창업을 할 때 제일 중요한 것은 위치다. 나는 주중에 직장인을 대상으로 승부를 걸어야 한다고 생각했다. 그래서 역 근처에 사람들이 많은 오피스 지역을 찾아다녔다. 좋은 자리를 찾기까지 6개월 정도의 시간이 소요됐다. 본사 마케팅을 담당하는 사장님이 계속 선배와 함께 좋은 자리를 보러 다녀주셨다. 6개월 가까이 오로지 좋은 가게 자리를 찾기 위해 쫓아다니면서 여러 사람들의 조언을 구하는 과정 속에서 나는 많은 것을 배우게 되었다.

창업 초보인 내가 보기에는 명당자리였지만, 전문가적인 입장에서 보면 문제점이 드러나는 경우가 많았다. 예를 들면 사람들의 동선이 끊어지는 지역이라거나, 사람들이 많이 지나다니긴 하지만 절대로 음식을 먹으러 들어오기 힘들고 그저 지하철이나 버스를 타러 지나다니는 위치도 있었다. 또 어떤 곳은 김밥카페의 가격 정책에 맞지 않을 만큼 임대료가 너무 비싼 곳도 있었다. 이렇게 가게의 위치를 하나 잡는 데도 여러 가지 창업에 관한 지식이 필요하리라고는 미처 예상치 못했다. 그래서 창업을 위해서는 꼭 전문가의 도움이 필요하다는 것을 깨닫게 되었다. 일반적으로 퇴직금을 이용해 창업했다가 실패하는 사람들은 한두 사람의 권유에 쉽게 창업을 결정한 경우가 많다. 게다가 직접 발로 뛰는 준비 기간 없이 프랜차이즈 본사에 다 맡기거나 무작정 열심히 하면 어떻게 되겠지 하는 심정으로 창업을 하기 때문에 실패한다.

자리를 알아보기 시작한 지 6개월 정도 지났을 때, 내가 일하는 사무실 근처에서 좋은 자리를 찾아보았다. 평소에 점심 먹을 때마다 "왜 우리 사무실 근처에는 좋은 분식점이 없냐?"라고 여직원들이 했던 말들이 생각났기 때문이다. 마침 삼겹살 식당을 하던 곳에 자리가 났다. 전세금 5,000만 원에 권리금 1억5,000만 원, 규모는 28평이었다. 본사에서도 특A급 상권은 아니더라도 B급 이상은 되겠다며 시작해보자고 하셨다. 추석이 지나서 오픈하는 것으로 계약을 마치고 나자 3개월의 시간이 남았다. 그동안 처제는 본격적으로 김밥카페 메뉴를 배우고 익혀야 했다.

당시 김밥카페는 교대, 역삼, 대치, 강남역 근처에 4개가 있었다. 처제는 3개 정도의 김밥카페를 돌아다니며 아르바이트 비용을 받고 3개월간 직접 일을 배웠다. 그래야 김밥카페를 운영할 때 전체 시스템이 눈에 들어오고 사람을 쓰는 데도 도움이 되기 때문이다. 처제는 처음 일주일은 설거지만 했다. 그다음 일주일은 김밥을 말고 썰었다. 다음 일주일은 홀에서 서빙을 하고 그다음 일주일은 카운터에서 계산을 했다. 그렇게 한 달을 보내고 나머지 두 달은 주방에서 음식 만드는 일을 배웠다. 이렇게 3개월을 보내며 일주일에 한 번씩 처제랑 배운 내용을 가지고 이야기하면서 어떻게 우리 가게에 적용시킬지를 연구하고 공부했다. 마지막 남은 몇 주 동안 가게 인테리어가 시작됐다. 나와 처제는 필요한 주방 기구들을 구입하러 다니면서 마케팅 준비를 했다. 그렇게 모든 준비를 마친 후 드디어 가게를 오픈하기 전날, 이런저런 걱정과 설렘으로 잠을 이룰 수가 없었다. 긴 산고 끝에 장모님 병원비와 부모님 생활비를 벌기 위한 나의 김밥카페가 세상에 모습을 드러내게 된 것이다.

많은 사람들이 내가 하고 있는 일과 전혀 다른 분야인 김밥카페를 창업한다고 했을 때 반대 의견을 내놓았다. 하지만 철저한 준비와 심사숙고를 통해 탄생한 나의 김밥카페는 하루 매상 200만~250만 원을 올리며 지금까지 양가 부모님 병원비와 생활비를 감당해오고 있다. 사람들은 내가 양가 부모님께 500만 원의 돈을 드린다는 것을 알게 되면 깜짝 놀라곤 한다. 모두 김밥카페가 있기에 할 수 있는 일이다. 물론 나의 창업을 도와준 처제는 김밥카페 매니저로서 새로운 인생을 살며 꿈을 갖게 되었고, 경제적으로도 충분한 보상을 받고 있다. 지난 4년 동안 작은 사업체이긴 하지만 김밥카페를 운영하면서 어려운 점도 많았다. 그래도 충분히 감당할 수 있는 일들이었다.

사실 따지고 보면 김밥카페를 창업하기 위해 필요했던 돈은 우리 부부가 더 좋은 집, 더 좋은 차에 투자할 수도 있는 돈이었다. 하지만 우리 부부는 부모님을 안정되게 돕는 일이 더 중요하고 가치 있는 일이라고 여겼다. 그래서 매월 김밥카페에서 나오는 수익금으로 양가 부모님을 돕는 일에 쓰는 것이 무척 기쁘고 감사할 뿐이다. 돈은 어디에 사용하느냐에 따라서 그 가치가 달라진다. 나의 소비 욕구를 조금 줄여서 더 중요하고 가치 있는 일을 할 때 사람들은 진정한 행복을 느낀다고 믿는다.

김밥카페를 창업한 지 만 4년이 지나면서 배운 것이 참 많다. 그래서인지 실제로 재무 상담을 하면서 50대 분들이 창업에 대한 조언을 구할 때 적절하게 대답해줄 수 있었다. 어떤 분들은 거의 계약 직전까지 갔다가 재무 상담을 통해 계약금을 날리면서까지 창업을 포기하신 경우도 있다. 반대로 막연하게 창업에 대한 꿈만 갖고 있다가 나에게서 용기를 얻고 실제로 커피 전문점을 창업하신 분들도 있다.

김밥카페의 성공 요인은 무엇이었을까?

첫째, 충분한 준비 기간이 있었다.

자리를 알아보는 데만 6개월이 걸렸고, 만약 좋은 자리를 찾지 못한다면 포기할 마음도 갖고 있었다. 실패 요인이 뻔히 보이는 일은 아예 시작하지 않는 것이 좋기 때문이다. 특히 요식업 같은 음식점 창업은 자리가 제일 중요하기 때문에, 창업에 뜻을 두고 있다면 오랜 기간 상권을 분석하고 좋은 가게 자리를 찾는 것이 중요하다. 김밥카페를 오픈하기 전 준비 기간 동안 가게를 실제로 운영하게 될 처제가 3개월 동안 이미 성공한 다른 가게에서 충분한 트레이닝 과정을 거쳤다는 점도 중요하다.

실제로 고객 중에서 퇴직 후 김밥카페를 하고 싶다고 하시는 분들도 있었다. 그분들은 이미 충분한 자금도 준비되어 있었음에도 불구하고 시작할 수 없었다. 직접 트레이닝하는 과정을 통과하지 못했기 때문이다. 나는 창업하고 싶어 하는 사모님께 처제가 했던 그 일을 사모님도 할 수 있느냐고 물어본다. 그러면 대부분 "못해요. 제가 어떻게 해요?"라고 대답한다. 그분들이 생각하는 창업자는 우아하게 계산대에 앉아 있다가 식사를 끝내고 나가는 손님들한테 돈만 받는 역할이었던 것이다.

둘째, 좋아하는 일, 잘할 수 있는 일을 해야 한다.

　　처제는 대학을 나오진 않았지만 아주 당당하고 성실하며 대인관계가 좋다. 사실 김밥카페를 하지 않았다면 태국 치앙마이에 있는 국제학교 근처에서 외국인 학생들을 위한 하숙사업을 하고 있을 것이다. 나도 그 사업이 처제에게 잘 맞을 것 같아서, 그리고 투자 가치도 있어서 투자도 하려던 참이었다. 그런데 장모님께서 갑자기 쓰러지시는 바람에 김밥카페를 열게 된 것이다. 처제는 영국여행에서 만난 게스트하우스를 운영하는 분께 숙소 하나를 맡아달라고 부탁받을 만큼 요리 실력도 좋고, 사람 다루는 기술도 탁월하다. 김밥카페가 성공한 요인 중의 하나는 바로 처제다. 만약 처제가 매니저를 하지 않았다면 나는 김밥카페에 투자를 하지 못했을 것이다. 결국 창업은 투자금도 있어야 하지만 실제 운영하는 사람이 얼마나 그 일을 좋아하고 잘할 수 있는지를 따져봐야 한다.

　　셋째, 김밥카페는 프랜차이즈가 아닌, 협동조합 구조였다.

　　앞에서도 언급했지만, 프랜차이즈 창업은 처음 시작할 때 본사에 많은 가맹비와 인테리어 비용을 내야 한다. 그뿐만 아니라 사업을 시작한 이후에도 수익이 적어서 사업이 어려워지면 그 위험 부담은 고스란히 창업자가 감당해야 한다. 그에 비해 김밥카페는 가맹비 500만 원만 지불하면 된다. 4년 동안 김밥카페를 하면서 나는 단 한 푼도 본사에 프랜차이즈 명목으로 추가 비용을 지불하지 않았다. 그럼에도 불구하고 처음 시작할 때는 다른 곳 김밥카페 사장님들이 새로운 가맹점주를 훈련시키고 성실하게 도와준다. 물론 김밥카페 원재료도 함께 공동으로 구매하는 시스템이다. 보통 김밥집을 하면 본사에서 김밥 재료를 냉동 상태로 배달해주는 곳이 많지만 김밥카페는 직접 그 재료를 만들다 보니 다른 곳보다 더 신선하고 맛이 있다. 김밥카페에는 연구소도 있어서 새로운 재료를 연구하고 개발한다. 요즘 젊은이들이 본사 개념을 두지 않고 공동 투자해서 만드는 커피 전문점과 분식점들이 많아지고 있는데 이는 바람직한 현상이라고 생각한다.

<u>마지막으로, 나는 김밥카페를 재정적 여유를 가지고 시작했다.</u>
김밥카페를 시작하기 위해 나는 큰 빚을 지지 않았고, 또한 매월 들어오는 수입을 내 생활비로 쓰는 것이 아니라 부모님을 돕는 데 썼기 때문에 직원들에게도 좀 더 여유롭게 대할 수 있었다. 큰 욕심이 없었기 때문에 매출에도 그다지 크게 신경을 쓰지 않았다. 늘 처제에게 최상의 재료로 맛있는 음식을 만들어달라고 주문했을 뿐이다. 그러다 보니 다른 분식점보다 원재료에서부터 경쟁력을 갖게 되었고, 직원들에게도 여유 있게 대하니 고객 서비스의 질도 좋아졌다. 오픈하고 5년째가 되었지만 대부분 원년 멤버 그대로이다. 아이를 출산한 직원이 1년 후 다시 돌아와서 일을 할 정도로 분위기가 좋은 것은 여유 있게 출발해서

직원들을 내 가족처럼 대해주었기 때문이라고 생각한다.

40대 중반쯤 되면 누구나 퇴직 이후 무슨 일을 할지 고민하게 된다. 퇴직하고 나서 갑자기 창업을 생각하면 그때는 늦기도 하거니와 당황해서 치밀하게 조사하고 판단하기 힘들다. 당장 생활비를 벌어야 하기 때문이다. 그래서 나는 아내가 먼저 창업을 해볼 것을 권한다. 남편이 퇴직하기 전 5~10년 동안 아내가 좋아하는 일이 무엇인지 잘 생각하고 찾아 그 일을 작게 시작해보는 것이다. 그렇게 되면 남편이 매월 수입을 가져다주기 때문에 안정적으로 창업을 할 수 있는 여건이 된다. 그래서 충분히 조사할 수도 있고, 직원들을 대할 때도, 사업을 운영할 때도 훨씬 여유롭게 할 수 있다. 그것이 잘되면 남편의 퇴직 후 함께하거나 남편에게 맡길 수도 있다. 창업을 해서 성공하려면 이렇게 알아보고 조사하고 시험해보는 준비가 필요하다.

4부

돈 걱정 없는 노후 준비하기

I. 돈 관리 전에 결정할 것이 있다

노후자금에 대해서 많은 사람들이 개념적으로 혼란스러워한다. 정년퇴직 이후의 시기와 혼동하는 것이다. 노후자금을 한마디로 설명한다면 아무런 경제활동을 할 수 없는 65세 이후의 가장이 사망할 때까지 필요한 가족의 생활비를 말한다. 그러므로 55세 이후의 정년퇴직과는 조금 의미가 다르다. 65세 이후에는 어디에서도 일하기가 어렵지만, 정년퇴직 이후에는 눈높이를 낮추고서라도 적은 금액의 수입을 창출할 수 있기 때문이다. 그러므로 정년퇴직 이후부터 65세 이전까지 필요한 생활비는 노후자금이라고 하기가 어렵다.

일반적으로 필요한 노후자금을 산출할 때 기본적인 생계비와 의료비, 그 외에 여행, 취미활동 등 부수적인 비용들이 포함된다. 정부에서는 최저생계비를 150만 원 정도로 책정하고 있지만 그것은 먹고 사는 생존비이고, 보통 200만~300만 원은 있어야 기본적인 생활을 유지할 수 있다. 그런데 물가 상승률까지 고려한다면 미래에 준비해야 할 월 생활비는 300만~400만 원 선이 될 수 있다.

월평균 노후 생활비는 얼마면 될까?

통계청에서 발표한 월평균 노후 생활비와 실제 베이비부머나 은퇴 예정자들이 생각하는 적정 노후 생활비에는 다소 차이가 있다. 앞서 소개한 고객들의 경우를 보면 서울 거주 기준으로 정기 지출 200만 원에 비정기 지출 월평균 40만 원(연 500만 원) 정도가 평균이다. 결국 적정 금액은 개인마다 다르지만, 서울시 중산층 기준으로 본다면 평균 월 250만 원은 있어야 한다는 결론을 얻을 수 있다.

표1 월평균 노후 생활비(2인 가구 기준)

(단위: 만 원)

	전체	서울	광역시	도 단위
최소 노후 생활비	121.5	151.6	124.7	109.7
적정 노후 생활비	174.6	217.5	177	158.7

(출처: 통계청, 2010년 국민연금연구원 패널 조사)

표2 각 연구기관별 적정 노후 생활비 수준

(단위: 만 원)

조사 기관	조사 대상	필요 생활비	조사 연도
KDB 산업은행	50대 이상 877명	285	2012.10.
KB 금융지주경영연구소	비은퇴 가구	235	2012.09.
잡코리아	직장인 547명	166	2012.06.
피델리티운용	베이비부머 세대	191	2012.02.
한국투자자보호재단	수도권/광역시 거주 25~64세 2576명	193	2011.10.
한국경제신문 삼성생명은퇴연구소	삼성생명 고객 500명	310	2010~2011
메트라이프생명 서울대학교고령사회연구소	베이비부머 세대 4688명	211	2010.05.~09.

(출처: 한국투자증권 퇴직연금연구소)

표3 전체 및 노인 가구의 연평균 생활비(소비지출 부문)

(단위: 만 원)

구분	식료품	주거	교육	의료	교통	통신	기타	합계
전체 가구	643	293	348	133	269	162	464	2,312
노인 가구	295	160	3	127	53	37	155	830

(출처: 통계청, 2012년 가계금융조사)

〈표3〉은 통계청에서 발표한 전국 노인 가구의 평균 생활비다. 이 표를 살펴보면 이상과 현실 사이에서 극명한 차이가 있음을 알 수 있다. 은퇴한 사람들의 실제 생활비는 목표 적정 노후 생활비의 50% 수준도 안 되기 때문이다. 2012년 가계 금융 조사에서 실제 노인 가구 생활비로 조사된 금액은 연 830만 원이었다. 매월 금액으로 환산하면 70만 원 조금 더 되는 금액이다. 월 70만 원 정도로 도시에서 한 가구가 살아간다는 것은 사실 거의 불가능할 정도로 힘든 일이다. 주거 관련|주거비·식료품·통신| 생활비로만 써도 부족하기 때문이다. 사정이 이렇다 보

니 별도의 의료 지출비는 연 127만 원밖에 되지 않는다. 건강해서 의료비를 안 쓰는 것이 아니라 돈이 없어 병원에 가지 못하는 것이다. 이 자료를 통해 우리는 노후 최저생활비로 150만 원 이상은 있어야 인간의 존엄성을 지키면서 살 수 있지만, 실제 노후자금은 70만 원도 채 안 된다는 사실을 알 수 있다. 암담하고 슬픈 현실이다.

나의 노후 비용 계산하기

포털사이트 검색창에 '노후 생활비'를 치면 엄청나게 많은 자료가 검색된다. 대부분 자료에서 말하는 내용을 정리해보면 '노후에 필요한 최저생활비는 150만 원, 평균 생활비 200만 원, 여유로운 생활비 250만 원, 풍요로운 생활비 300만 원'이다. 하지만 이런 자료는 그다지 큰 의미가 없다. 각자 개인마다 처해 있는 환경이 다르고 지출하는 기준도 다르기 때문이다. 그러므로 노후 생활비를 알아보기 위해서는 본인에게 맞는 실제 생활비를 직접 계산해보는 것이 좋다.

1. 가장 기초적인 생활비부터 산출한다.

은퇴자금을 산출할 때 가장 쉬우면서 중요한 항목이 바로 기초생활비이다.

표4 기초 생활비

(단위: 만 원)

구분	지출 사항	금액
주거생활비	전기요금	4
	관리비/수도요금	9
	가스요금	5
	정수기, 비데	2
	세탁비	
	생활용품	3
	기타	
	소계	23
식비	주식/부식비	24
	기호품/간식	5
	과일	5
	소계	34

구분	지출 사항	금액
외식비	가족 외식비	10
	기타	
	소계	10
교통비	차량 유류비	12
	남편 대중교통비	
	아내 대중교통비	
	소계	12
통신비	남편 휴대전화	5
	아내 휴대전화	4
	인터넷 사용료	3
	케이블 사용료	
	유선전화	
	소계	12

합계		91

    이렇게 구체적으로 항목을 기재하다 보면 정말 돈의 가치가 없다는 것을 새삼 느끼게 된다. 그다지 크게 쓴 것도 없는데 기초 생활비가 90만 원을 훌쩍 넘어가기 때문이다. 이 표는 월 250만 원 노후 생활비를 목표로 하여 실제로 국민연금, 개인연금, 임대소득, 금융소득으로 260만 원의 노후자금을 확보한 고객의 지출 항목이다. 20~30대 연령층은 아직 이런 내용까지 고민할 필요는 없다. 하지만 40대 중반에서 50대가 되면 이렇게 구체적으로 은퇴 이후의 생활비를 산정해봐야 한다. 가장 편하고 빠르게 계산하는 방법은 바로 전해 1년 동안 사용했던 지출 내역 중 자녀 부분은 빼고 작성해보는 것이다.

2. 부부 용돈을 정확하게 파악해본다.

실제 노후 생활비 산정 시 가장 어려운 항목이 남편의 용돈이다. 매월 생활비 200만 원을 준비한 은퇴자 부부가 월 50만 원 이상 적자가 난다며 찾아온 적이 있었다. 검토 결과 남편 용돈이 예상과 많이 달랐다. 부부 용돈을 각각 20만 원으로 잡았는데, 남편이 퇴직 전에 20만 원보다 많은 용돈을 썼던 터라 부족했던 것이다. 노후자금을 산정할 때 각자 용돈을 어디에 얼마나 쓰는지 솔직하게 이야기하는 것이 도움이 된다. 만약 한 사람에게 특별한 취미나 즐겨 하는 운동이 있다면 예상 용돈이 부족할 수 있으므로 노후 생활비 산정 때 유의해야 한다.

3. 매월 나가는 고정비용을 알아본다.

은퇴 이후에는 매월 나가는 고정비용이 큰 부담이 될 수 있다. 특히 의료실비보험의 경우 1년, 혹은 3년마다 보험료가 올라 버거울 수 있다. 특히 은퇴 전에 가입했던 암보험이나 건강보험을 은퇴 후에도 10년 이상 납부하는 경우가 많아서 상당한 압박감을 느낄 수 있다. 종교 생활을 하는 경우라면 십일조나 헌금 또한 미리 책정해둬야 한다.

4. 1년 비정기 지출 비용을 꼭 확인한다.

은퇴 이후의 생활비 지출과 부부 용돈, 고정비용 지출만 본다면 이 가정의 경우 200만 원으로 기초 생활이 가능하다. 하지만 기본적인 생활 이외에도 지출해야 할 항목이 많다. 가끔 부부가 여행도 가야 하고, 관계 중심적인 우리나라에서 각종 경조사(70세 이전)도 챙겨야 한다. 또 재산세며 자동차 보험료도 내야 한다. 1년 동안 이 금액을 모두 합하면 500만 원이 훨씬 넘는다. 일반적으로 은퇴 초기에는 평생 동안 열심히 일하며 살아온 본인에 대한 보상이라며 부부가 여행을 많이 간다. 그런데 1년에 국내여행 몇 번만 다녀와도 100만 원은 족히 필요하다. 더구나 외국까지 나간다면 300만 원은 있어야 한다. 이렇게 1년간 비정기 지출의 총비용을 계산해보면 월평균 50만 원 정도가 된다.

5. 은퇴 후 의료비 지출 증가를 예상하라.

나(김의수)의 어머니는 15년 전, 할머니께서 드시는 약이 10가지가 넘는다며 "저 많은 약을 왜 드실까?" 하고 걱정스럽게 말씀하시곤 했다. 이제 15년이 지나 70세가 되신 나의 어머니는 건강식품을 포함해 15가지 정도의 약을 드신다. 건강보험심사평가원이 발표한 자료에 의하면, 2012년 65세 이상 노인 1인 의료비 지출이 311만 원을 넘었다고 한다. 의료실비 같은 보험이 준비되어 도움을 받긴 하지만 건강식품을 포함한 의료비 지출이 계속 증가하는 추세라 노후자금 필요 금액 계산 시 의료비도 반드시 포함해야 한다.

어디서 사느냐에 따라 노후가 달라진다

일반적으로 사람들은 노후 준비를 얘기할 때 가장 먼저 돈이 얼마나 필요할지부터 계산한다. 그래서 투자나 재테크를 어떻게 해야 하는지부터 고민한다. 하지만 나에게 필요한 노후자금을 산출하기 위해서는 이보다 먼저 결정해야 할 것들이 있다. 그중에서도 노후에 어디에서 살 것인지를 정하는 것이 가장 중요하다.

예를 들어 강남 30평대 아파트에 사는 사람이 노후에도 똑같은 아파트에 살기로 마음을 먹는다면 노후자금을 높게 책정해야 한다. 기존의 생활을 그대로 유지하며 살기 위해서는 기본적으로 높은 비용을 지불해야 하기 때문이다. 하지만 노후에는 자녀들을 다 출가시키고 굳이 강남에 살 필요가 없으니, 강남의 아파트를 팔고 서울 외곽에 위치한 좀 더 작은 아파트로 이사를 갈 계획이라면 이야기는 전혀 달라진다. 일단 아파트 관리비나 주거 광열비 등의 기초 비용은 물론, 사교비나 품위 유지비 같은 부수적인 비용까지 현격하게 줄게 된다. 노후에는 생활비 10만 원의 차이가 크게 다가온다. 어디서 어떤 크기의 주거지에서 살 것인가가 그래서 중요 결정 사항이 된다. 서울에 있는 아파트를 팔고 근교 신도시나 외곽 지대로 이사를 가면 많게는 4억 원, 적게는 1억 원 정도의 아파트 매매 차액이 발생한다. 이 돈을 안정된 연금 상품 등을 활용해서 운용한다면 노후자금에 큰 도움이 된다. 그럼에도 불구하고 많은 사람들이 노후에도 자신이 살고 있는 지역을 벗어나지 못한다.

얼마 전에 부모님의 노후 문제로 고객이 찾아왔다. 외국인 회사에 다니면서 높은 연봉을 받고 있는 김영혜(38세·가명) 씨. 요즘 흔히 골드미스로 불리는 커리어우먼이다. 사회적으로 능력을 인정받고 열심히 사는 영혜 씨에게는 마음을 무겁게 짓누르는 고민이 있다. 늙은 부모님과 교통사고로 장애를 얻은 남동생을 부양해야 하는 책임감이 그것이다. 영혜 씨가 늦은 나이까지 결혼을 하지 못한 이유이기도 하다. 결혼을 하게 되면 아무래도 가족들에게 신경을 덜 쓰게 될 것 같아서 일부러 결혼에 대해서 외면한 채 살아왔다. 하지만 언제까지 가족들을 위해 자신의 삶을 포기한 채 살아야 하는지 그녀로선 답답하기만 하다. 지금처럼 일할 수 있는 것도 앞으로 길어야 10년 정도라고 생각하면 마음이 더 무거워진다.

나는 영혜 씨에게 먼저 이사를 권유했다. 영혜 씨는 현재 송파구에서 전세 4억 원 정도의 아파트에서 살고 있다. 만약 근교에 있는 신도시로 이사를 가게 되면 1억5,000만~2억 원의 자금이 만들어진다. 그 자금을 운용해서 지금부터라도 부모님의 노후자금을 마련하라는 것이 나의 조언이었다. 만약 영혜 씨 가족이 결단을 내리지 못한 채 지금처럼 계속 살아간다면 앞으로 닥칠 미래는 어둡다. 온 가족이 재정적으로 서서히 자멸할 것이 불 보듯 뻔했다.

앞으로 영혜 씨가 결혼을 하게 된다면 출산과 자녀 양육 등의 문제로 직장생활을 계속 이어갈 수 없는 상황이 발생할 수도 있다. 그게 아니라도 다른 요인으로 직장을 퇴직하게 된다면 영혜 씨 가족의 삶은 하루아침에 빈민층으로 추락하게 될 것이다. 그것은 영혜 씨에게는 물론이거니와 가족 모두에게 매우 위험한 일이다.

이럴 때 필요한 것이 현금흐름표다. 영혜 씨 부모는 그 동네에서 오래 살았기 때문에 다른 곳으로 이사하는 것을 원하지 않았다. 하지만 가족 모두가 살 수 있는 길은 이사밖에 다른 방법이 없었다. 그나마 이러한 해결책도 시간이 더 지나버리면 효력을 잃기 때문에 나중에는 손을 쓸 수 없는 지경으로 떨어지고 만다.

2 국민연금·퇴직연금으로 노후 준비하기

노후 생활비 마련은 다양한 방법으로 할 수 있다. 부동산 임대를 통해 월세를 받거나 개인연금이나 월 지급식 펀드를 통해 연금을 받을 수도 있다. 이것들이 적절하게 균형을 유지하는 것이 좋다. 가장 적절한 균형은 생활비 전체를 100으로 했을 때 연금에서 70%가 나오고 부동산 임대소득이나 주택연금에서 30%가 나오게 하는 것이다.

도표1 바람직한 연금의 3층 구조

- 개인연금
- 퇴직연금
- 국민연금

연금은 〈도표1〉과 같이 3층 구조로 준비하는 것이 바람직하다. 1988년부터 전 국민에게 시행된 국민연금과 2005년부터 시행된 퇴직연금, 그리고 개인이 준비하는 개인연금이 그것이다. 그림을 보면 국민연금이 제일 많이 나오고 다음은 퇴직연금, 그리고 개인연금은 조금만 준비해도 되는 구조로 되어 있으나, 국민연금의 의존도가 점점 줄어들고 있다. 최근 기초연금과의 연계로 가입자들의 신뢰가 떨어지면서 임의 탈퇴하는 경우도 늘고 있는 추세다. 연금의 비중에 변화가 있다 해도 기본적으로 이 세 연금의 구조가 탄탄하다면 노후는 든든해진다.

50대, 국민연금 논란 있어도 개인연금보다 수령액 높다

국민 대부분이 가입하고 있는 국민연금은 국민이 노후에 최소한의 생계를 유지할 수 있도록 국가가 전 국민을 대상으로 운영하는 연금제도다. 국민연금은 일반적으로 60세까지 보험료를 내지만, 연금을 받는 시기는 나이에 따라 다소 차이가 있다. 1952년 이전에 태어난 가입자는 만 60세에 연금을 수령하게 되지만, 2013년부터 국민연금을 수령하는 나이가 출생 연도에 따라 단계적으로 늦춰졌다. 1953~1956년생 가입자들은 61세부터, 1957~1960년생은 62세, 1961~1964년생은 63

세, 1965~1968년생은 64세, 그리고 1969년생부터는 65세부터 노령연금을 받을 수 있도록 조정됐다.

표5 출생 연도별 연금 수령 시기

출생 연도	연금 수령 시기
1952년 이전	만 60세부터
1953~1956년	만 61세부터
1957~1960년	만 62세부터
1961~1964년	만 63세부터
1965~1968년	만 64세부터
1969년 이후	만 65세부터

(출처: 국민연금관리공단)

대부분 보험사에서는 국민연금은 믿을 게 못 되니 개인연금으로 전환해야 한다고 겁을 주기도 한다. 실제로 상담을 해보면 많은 사람들이 국민연금에 대해 신뢰하지 못하고 있다. 게다가 일부 시민단체나 경제연구소에서 2056년부터 연금이 고갈될 것이라는 자료를 내놓기도 하니 그럴 만도 하다. 하지만 지금까지 국민연금 기금이 고갈되는 사태가 벌어진 나라는 한 군데도 없었다. 우리나라보다 형편이 어려운 후진국에서도 그런 사고가 없었으니 많은 사람들이 우려하는 상황이 벌어질 가능성은 희박하다고 할 수 있다. 설사 그런 위험 요소가 있다고 해도 그 이전에 국민연금 제도의 개혁이 계속 이루어질 것이기 때문에 그다지 염려하지 않아도 된다. 1998년에 도입된 5년 단위 국민연금 재정

추계도 그런 취지에서 도입되었다. 하지만 낙관적이지 않은 부분이 존재하는 것은 사실이다.

국민연금이 어떤 형태로 바뀔지 예측하기는 힘들지만 한 가지 분명한 것은 가입자에 대한 혜택이 훨씬 줄어들 수밖에 없다는 점이다. 예측하건대 앞으로 보험료 인상, 소득 대체율 하향 조정이 계속될 것이다. 그럼에도 불구하고 노후 생활비 마련 측면에서는 국민연금과 관련해 기존에 납부한 돈에 대한 '기득권'이 보장되기 때문에 꼭 필요하다. 앞으로 국민연금 제도가 어떻게 바뀌든 보험료를 낼 때 정해져 있던 소득 대체율은 그대로 적용된다.

소득 대체율이란 은퇴 전 소득 대비 은퇴 후 받는 연금액의 대체율을 말하는 것으로, 1988년에 국민연금에 가입해 2009년 연금을 타기 시작한 1세대는 1988~1998년에 납부한 보험료에 대해서는 소득 대체율 70%가 적용되고 1999~2007년은 60%, 2008년 이후는 50%가 적용되어 연금 수령액이 계산된다. 국민연금의 소득 대체율은 1998년 (70%→60%)과 2007년(60%→50%) 두 차례 조정되었다. 이렇게 2028년까지 소득 대체율은 40%까지 떨어진다.

하지만 소득 대체율 40%는 가입 기간을 40년으로 가정했을 경우의 수치다. 우리나라 국민들 대부분의 실제 평균 가입 기간은 27년에 불과하므로 향후 국민연금의 실질적인 소득 대체율은 25~30%가 될 가능성이 클 것이라는 의견도 많다. 현재 우리나라 근로자의 경우 월평균 소득이 210만 원|가구당 420만 원, 2011년 기준|이고 국민연금 평균 가입 기간이 27년임을 감안하면 은퇴 이후 받게 될 평균 국민연금 수령액은 월 52만~62만 원 수준이다. 2012년 기준 국민연금 평균 수령액도 60만 원을 넘지 못하고 있다.

표6 각국의 소득 대체율

(단위: 원/월)

국가	독일	일본	미국	영국
보험료율(%)	19.9	15.4	12.4	통합보험료
소득 대체율(%)	42	34.5	39.4	31.9

한국	노르웨이	스웨덴	뉴질랜드	OECD 평균
9	통합보험료	18.9	조세	19.6
42.1	46.1	31.1	38.7	42.1

하지만 사실 국민연금은 개인연금과 비교해보면 훨씬 많은 연금액을 받을 수 있다. 또한 일반적으로 근로자는 국민연금을 회사와 반반씩 부담하기 때문에 실제 투자 대비 수익률로 따지면 아주 훌륭하다고 볼 수 있다. 100%를 본인이 부담하는 개인 사업자에게도 국

민연금이 낫다. 같은 금액을 개인연금에 납부한 것보다 더 많은 연금액을 받을 수 있기 때문이다. 나는 상담할 때 이런 이유로 국민연금이 무조건 나쁘다고 하지 않는다. 분명 금액은 향후 줄어들어도 노후 생활비를 위해 공적연금인 국민연금은 꼭 가입해야 할 필요 상품임을 강조하고 싶다. 이렇게 국민연금을 좀 더 들여다보고 계속 국민적 합의를 도출해간다면 국민연금은 노후 생활비의 기초자금을 만드는 데 도움이 될 것이다.

국민연금을 개인연금과 비교할 때의 장점은 다음과 같다.

1. 국민연금은 국가가 지급을 보장하고 있어서 안정성이 높다.
국민연금은 보험료와 세금을 재원으로, 국가에 의해 전 국민을 대상으로 운용되는 제도이기 때문에 기금이 고갈되더라도 어떻게든 개인에게 연금 지급이 이루어진다.

2. 국민연금은 종신연금으로 물가가 오른 만큼 연금액도 조금씩 늘어난다.
국민연금은 연금액의 구매 가치를 보장하고 종신으로 지급되기 때문에 다른 연금보다 유리하다. 처음 연금을 지급할 때는 과거 보험료 납부소득에 연도별 재평가율을 적용하여 현재 가치로 재평가하고, 연금 지급

중에는 전국 소비자물가 변동률에 따라 금액이 올라가게 되어 있다. 예를 들어 2013년 국민연금 수급자에게 적용되는 연도별 재평가율을 반영할 경우, 1988년 100만 원의 소득은 2012년 기준으로 약 517만 원의 소득액으로 인정된다. 결국 연금 지급 중에는 전국 소비자물가 변동률에 따라 금액이 조정되어 연금 수령 전 기간에 걸쳐 실질구매 가치가 보장되기 때문에 아주 유리하다.

3. 그 외에도 장애, 유족연금 등이 지급된다.
연금 수령자의 장애로 인한 소득 감소에 대비한 급여가 지급되고, 가입자가 사망할 경우 유족의 생계 보호를 위한 급여도 지급된다.

국민연금은 소득이 있는 만 18~60세 국민은 누구나 의무 가입 대상이다. 하지만 소득이 없는 사람은 가입 여부를 본인이 선택할 수 있는데 이를 '임의 가입'이라고 한다. 한때 국민연금의 장점이 주부들 사이에 알려지면서 2008년 2만7,000명가량이던 임의 가입자가 2012년 20만 명으로 6배 이상 급증했다. 실제 나도 50대 분들이 개인연금 10만 원 정도를 가입하려고 하면 먼저 국민연금에 임의 가입을 하도록 권한다. 그렇게 해서 8만9,000원 정도를 10년간 납부하면 10년 후부터 매월 16만 원|지금 현재의 가치| 정도를 종신으로 받을 수 있기 때문이

다. 이는 보험사의 10년납 개인연금 25만 원을 가입해야 받을 수 있는 연금액이다.

물론 무조건 임의 가입을 하기엔 단점도 있다. 부부가 국민연금을 받다가 만약 남편이 사망하면 유족연금|기존 연금액의 60~70%|을 받게 되는데, 이때 남편의 유족연금액과 본인의 연금액 중 많은 금액만 받게 된다. 그래서 대부분 남편 유족연금을 받으면서 임의 가입으로 연금을 받던 아내의 연금은 더 이상 받지 못한다. 이 때문에 몇 년 전 포털사이트 다음의 아고라 게시판에서 국민연금 탈퇴 운동이 벌어지기도 했었다.

우리의 노후 생활비는 국민연금 하나로만 준비되지 않는다. 그리고 50대에겐 국민연금이 보다 유리하게 적용되지만 지금 20~30대에겐 앞으로 소득 대체율이 얼마까지 더 떨어질지 알 수 없다. 그리고 국민연금 보험료도 최악의 경우 시간이 가면서 조금씩 올라갈 수도 있다. 이젠 국민연금만 바라보고 노후를 준비하던 시절은 끝났다. 그래서 근로자들은 퇴직 시까지 납부하는 퇴직연금과 개인연금에 더 많은 관심을 가져야 한다.

표7 노령연금 예상연금 월액표

순번	가입기간 중 기준 소득 월액 평균액(B값)	연금보험료 (9%)	가입 기간 10년	가입 기간 15년
1	250,000	22,500	123,640	180,340
2	300,000	27,000	126,470	184,460
3	400,000	36,000	132,120	192,710
4	500,000	45,000	137,780	200,960
5	600,000	54,000	143,440	209,210
6	700,000	63,000	149,090	217,460
7	800,000	72,000	154,750	225,710
8	900,000	81,000	160,400	233,960
9	990,000	89,100	165,500	241,390
10	1,000,000	90,000	166,060	242,210
11	1,100,000	99,000	171,720	250,460
12	1,200,000	108,000	177,370	258,710
13	1,300,000	117,000	183,030	266,960
14	1,400,000	126,000	188,690	275,210
15	1,500,000	135,000	194,340	283,460
16	1,600,000	144,000	200,000	291,710
17	1,700,000	153,000	205,650	299,960
18	1,800,000	162,000	211,310	308,210
19	1,900,000	171,000	216,970	316,460
20	2,000,000	180,000	222,620	324,710
21	2,100,000	189,000	228,280	332,960
22	2,200,000	198,000	233,940	341,210
23	2,300,000	207,000	239,590	349,460
24	2,400,000	216,000	245,250	357,710
25	2,500,000	225,000	250,900	365,960
26	2,600,000	234,000	256,560	374,210
27	2,700,000	243,000	262,220	382,460
28	2,800,000	252,000	267,870	390,710
29	2,900,000	261,000	273,530	398,960
30	3,000,000	270,000	279,190	407,210
31	3,100,000	279,000	284,840	415,460
32	3,200,000	288,000	290,500	432,710
33	3,300,000	297,000	296,150	461,960
34	3,400,000	306,000	301,810	440,210
35	3,500,000	315,000	307,470	448,460
36	3,600,000	324,000	313,120	456,710
37	3,680,000	331,200	317,650	463,310
38	3,750,000	337,500	321,610	469,090
39	3,890,000	350,100	329,530	480,640
40	3,980,000	358,200	334,360	487,820

① **연금액 산정** {1.425×(A+B)×P1/P+1.41×(A+B)×P2/P+⋯+1.2×(A+B)×P18/P)(1+0.05/12)
  A – 연금 수급 전 3년간 전체 가입자의 평균소득월액의 평균액
  B – 가입자 개인의 가입 기간 중 기준소득월액의 평균액
  n – 20년 초과 가입 월수
② 생계를 유지하고 있는 가족이 있을 경우, 배우자 연 24만1550원, 자녀/부모 1인당 연 16만1000원의 부양가족연금액이 가산된다.

(단위: 원/월)

가입 기간				
20년	25년	30년	35년	40년
234,990	250,000	250,000	250,000	250,000
240,360	296,260	300,000	300,000	300,000
251,110	309,510	367,910	400,000	400,000
261,860	322,760	383,660	444,560	500,000
272,610	336,010	399,410	462,810	526,210
283,360	349,260	415,160	481,060	546,960
294,110	362,510	430,910	499,310	567,710
304,860	375,760	446,660	517,560	588,460
314,540	387,690	460,840	533,990	607,140
315,610	389,010	462,410	535,810	609,210
326,360	402,260	478,160	554,060	629,960
337,110	415,510	493,910	572,310	650,710
347,860	428,760	509,660	590,560	671,460
358,610	442,010	525,410	608,810	692,210
369,360	455,260	541,160	627,060	712,960
380,110	468,510	556,910	645,310	733,710
390,860	481,760	572,660	663,560	754,460
401,610	495,010	588,410	681,810	775,210
412,360	508,260	604,160	700,060	795,960
432,110	521,510	619,910	718,310	816,710
433,860	534,760	635,660	736,810	837,460
444,610	548,010	651,410	754,810	858,210
455,360	561,260	667,160	773,060	878,960
466,110	574,510	682,910	791,310	899,710
476,860	587,760	598,660	809,560	920,460
487,610	601,010	674,410	827,810	941,210
498,360	614,260	730,160	846,060	961,960
509,110	627,510	745,910	864,310	982,710
519,860	640,760	761,660	882,560	1,003,460
530,610	654,010	774,410	900,810	1,024,210
541,360	667,260	793,160	919,060	1,044,960
552,110	680,510	808,910	937,310	1,065,710
562,860	693,760	824,660	955,560	1,086,460
573,610	707,010	840,410	973,810	1,107,210
584,360	720,260	856,160	992,060	1,127,960
595,110	733,510	871,910	1,010,310	1,148,710
603,710	744,110	884,510	1,024,910	1,165,310
611,240	753,390	895,540	1,037,690	1,179,840
626,290	771,940	917,590	1,063,240	1,208,890
635,720	783,620	931,530	1,079,430	1,227,330

③ 2013년 1월에 최초 가입한 것으로 가정하여 현재의 'A'값(2013년도 적용) 193만5977원으로 산정했으며, 실제 연금수급월액은 연금수급 당시의 'A'값 및 재평가율을 적용한다.
④ 연금의 월 지급액(부양가족연금액 포함)은 가입자이었던 최종 5년간의 기준소득월액의 평균액과 가입 기간 중의 기준소득월액의 평균액을 재평가한 금액 중에서 많은 금액을 초과하지 못한다.
⑤ **기준소득월액 398만 원** 2013.6월까지는 398만 원 가입한 것으로 가정(▶기준소득월액 상한액은 매년 7월 기준으로 변경되며, 2012.7월~2013.6월까지 398만 원, 2013.7월~2014.6월까지 398만 원)

〈표7〉에서 국민연금 중 노령연금 예상 연금액을 간략하게 설명하자면, 왼쪽 순번은 단순하게 연봉 금액 순위이고 두 번째 월 소득 평균 금액이 가입자 개인의 가입 기간 전체를 나눈 평균 월 소득이다. 표에서 진하게 표시해둔 구간을 보자. 17번 순위는 평균 급여가 170만 원일 경우 지역 가입자는 9% 전액 15만 3,000원을 내고 직장 가입자는 본인 부담 4.5%인 7만 6,500원을 내게 된다. 그리고 총가입 기간이 25년이면 48만 원, 30년이면 57만 원 정도를 받게 된다. 그럼 국민연금을 2배로 많이 내면 낸 만큼 많이 받을까? 그렇지는 않다. 170만 원과 비교해 340만 원 직장 가입자는 4.5%인 15만 3,000원을 내게 된다. 딱 2배다. 하지만 25년 후 받는 금액은 70만 원이 조금 넘는다. 보험료는 25년 동안 2배를 많이 냈지만 받는 것은 50% 정도를 더 받는다. 결국 국민연금은 고소득자보다는 저소득자에 유리하고, 더 중요한 것은 가입 기간이다. 가능하면 정년을 연장하고 가입 기간을 연장하는 것이 좋다.

투자 실적에 따라 퇴직금이 달라진다?
퇴직연금 이해하기

　지난해부터 기존 고객들이 퇴직연금에 관련된 문의 메일이나 전화를 많이 하신다.

"팀장님~ 퇴직연금 결정해야 하는데 DB가 좋아요? DC가 좋아요?", "팀장님~ DB는 뭐고 DC는 뭐예요?", "DC로 할 건데 펀드가 12개나 돼요. 펀드 좀 골라주세요!"

2005년 12월부터 퇴직연금이 시행되고 2012년에 각 사업장마다 퇴직연금 가입이 의무화되면서 많은 사람들이 퇴직연금 제도에 관심을 갖게 되었다. 퇴직연금은 기존에 일시금으로만 받던 퇴직금을 55세 이후가 되면 개인퇴직계좌|IRA|로 이체하여 연금으로 수령할 수 있도록 한 제도이다. 하지만 아직까지 중소기업 등 재무 구조가 열악한 회사에서는 가입하지 않아서 국민연금보다 가입률이 훨씬 저조한 편이다. 사업자 측에서는 별도로 교육까지 시켜주기도 하지만 여전히 이해하기 어려워하는 직원들이 많다. 그럼 먼저 어느 것이 나에게 좋은지 또 어떤 펀드를 골라야 하는지 따지기 전에 퇴직연금 제도 유형에 대해 간단하게 알아보자.

1. 확정급여형(DB · Defined Benefit)

DB형은 근로자가 받을 퇴직급여가 정해져 있는 제도로, 근로자 측면에서는 기존의 퇴직금 제도와 같다고 할 수 있다. 즉 기존의 퇴직금과 마찬가지로 근무 연수에 퇴직 직전 3개월간의 평균 연수를 곱해서 퇴직급여를 계산하게 된다. 퇴직 직전의 임금 수준에 따라 퇴직급여가 달라지기 때문에 직장에 근무하는 기간 동안 '임금 상승률'이 퇴직급여를 결정하는 데 중요한 역할을 한다. 회사가 외부 금융기관에 퇴직금 운용을 맡기는데 이익과 손실을 모두 회사가 보전하므로 근로자는 수익에 대해 고민할 필요가 없는 제도이다.

2. 확정기여형(DC · Defined Contribution)

퇴직금 운용 실적에 따라 퇴직 금액이 달라지는 제도로, 기업에서 연간 임금 총액의 12분의 1 이상을 노사가 선정한 금융기관의 개인별 계좌에 적립해주면 근로자가 해당 금융회사의 투자 상품을 선택해서 운용하게 된다. 운용 수익률이 높은 경우 퇴직급여가 증가하지만, 반대의 경우에는 퇴직급여가 줄어들 수도 있다. 대부분 고객들이 '펀드 골라주세요'라고 하는 것은 DC형을 선택하는 경우이다.

퇴직연금 제도, DB형? DC형? 나에게 유리한 것은 무엇일까?

일반적으로 금융기관에서는 임금 상승률이 높은 기업에 근무하는 근로자에게는 DB형이 유리하다고 말한다. 퇴직하기 직전 평균 임금에 근무 연수를 곱해 퇴직급여를 계산하기 때문이다. 즉 입사한 지 얼마 안 되어 승진할 기회가 많은 젊은 근로자들에게 유리하다는 논리이다. 반대로 DC형은 매년 발생하는 퇴직금을 근로자의 계좌에 입금해주고 이를 근로자가 금융회사의 투자 상품을 선택해서 투자하게 되므로 퇴직급여가 유동적이다. 그러므로 투자 성향이 공격적인 사람이나 회사의 임금 상승률이 정체되어 있거나 하락하는 사업장 근로자라면 DC형을 선택하라고 권한다.

이런 논리가 틀린 것은 아니다. 그러나 나는 개인적으로 할 수만 있으면 DC형으로 하라고 한다. 물론 몇 년에 한 번씩은 본인이 가입한 펀드에 대해 스스로 평가를 할 수 있거나 조언을 해줄 수 있는 사람이 있는 경우에 한해서이다. 앞으로 노후 투자 상품에서도 언급하겠지만, 퇴직연금을 수령하는 시기가 대부분 10년 이상 남은 상태에서는 DC형의 투자 상품이 대부분 임금 상승률 정도는 따라가기 때문이다. 만약 본인이 근무하는 회사에 퇴직 시까지 다닐 수 있고 임금 상승률이 평균 5%를 넘어가면 DC형보다는 DB형으로 가져가도 좋다. 즉 DC형을 선택하고 좋은 펀드를 선택했을 시 얻을 수 있는 기대 수익률은 6% 정도이다.

주로 고객들에게 추천하는 DC형에 포함되어 있는 채권혼합형 펀드|아직 우리나라는 퇴직연금 DC형의 펀드들이 아주 보수적으로 운용되는 채권혼합형 펀드만 선택하게 되어 있다|의 지난 5년 평균 수익률을 보자.

표8 채권혼합형 대표 펀드 과거 5년 누적 수익률

채권혼합형 펀드 이름	운용 규모(단위: 억 원)	5년 누적 수익률(%)
한국밸류10년투자	4200	56.79
신영퇴직연금배당채권자 C형	805	49.36
삼성퇴직연금코리아대표 40자	3380	48.66
채권혼합형 펀드 평균		**35**

위 표를 통해 DC형의 채권혼합형 펀드 5년 누적 수익률이 원금 대비 40% 이상|연평균 수익으로 환산하면 매년 7% 이상| 수익을 냈다는 것을 알 수 있다. 결국 물가가 매년 3% 이상 상승하므로 채권혼합형 펀드를 통해 평균 4~5% 정도의 수익은 기대할 수 있는 것이다. 물론 과거의 수익률이 미래를 보장해주지는 않는다. 그러나 월 적립식으로 들어가면서 10년 이상 가져가면 DB형의 임금 상승률보다는 나을 것으로 보인다. 실제 미국도 1981년 퇴직연금 제도인 401K Plan이 시행되면서 초기에는 DB형이 많았지만 점차 DC형으로 바뀌어가고 있다. 선진국의 경우 퇴직연금 기금 중 50% 이상이 주식시장으로 투자가 되고 있지만 우리나라는 아직 30% 미만으로 투자하고 있어서 향후 이런 비중이 늘어나면 좀 더 높은 수익률도 기대할 수 있을 것이다.

3. 주택연금으로 노후 준비하기

부모님이 돌아가시면 집은 자식에게 상속해주는 것이 그동안의 관례였다. 그러나 노후가 길어지고 자녀들이 자신들 먹고 살기도 급급해지면서 이제 집은 자식에게 물려주는 것이 아니라 노후의 생활자금이 되고 있다.

주택연금은 만 60세 이상의 어르신이 소유 주택을 담보로 맡기고 매월 평생 동안 연금 방식으로 노후 생활자금을 지급받는, 국가가 보증하는 금융 상품|역모기지론|이다. 주택연금의 가입 요건은 시가 9억 원 이하의 주택 및 지방자치단체에 신고된 노인복지주택을 부부 기준으로 1주택 소유한 60세 이상 어르신이면 누구나 가능하다. 2013년 7

월 이후부터는 주택 소유주가 60세가 되면 주택연금을 신청할 수 있다. 또한 부부 공동 명의는 연장자가 60세 이상이면 신청할 수 있다.

주택금융공사는 연금 가입자를 위해 은행에 보증서를 발급하고, 은행은 공사의 보증서에 의해 가입자에게 주택연금을 지급한다. 부부 모두 사망 후 주택을 처분해서 정산했을 때 연금 수령액 등이 집값을 초과해도 상속인에게 청구되지 않으며, 반대로 집값이 남으면 상속인에게 돌아간다.

주택연금은 주택 가격 하락 현상의 지속 유무에 따라 선택의 범위가 달라질 수 있다. 만약 주택 가격의 하락 현상이 지속될 것으로 보이는 경우는 주택 소유주가 60세 되는 시점에 주택연금으로 전환해서 활용하는 것이 가장 좋은 방법이다. 하지만 주택 가격의 변화가 없고, 자녀에게 줘야 할 금액이 늘어나는 경우는 보유 주택을 매도하고 비교적 주택 가격이 저렴한 지역의 24평형대의 아파트로 이주한다. 그리고 매도 금액 중 자녀에게 지원하고 남는 돈은 금융 상품을 활용해서 일정한 이자수익이 지속적으로 발생되도록 하는 방법이 있다. 이 경우는 지역의 변화와 주거 공간 축소 등의 위험을 감수해야만 한다.

주택연금의 장점은

　첫째, 보유한 주택에서 사망할 때까지 거주하며 노후 평생 동안 일정한 생활비를 지급받을 수 있다는 점이다. 또한 배우자 한 명이 먼저 사망하더라도 남은 배우자에게 마지막 순간까지 연금이 지급된다는 것도 장점이다.

　둘째, 국가가 연금 지급을 보증하므로 연금 지급 중단의 위험이 없다.

　셋째, 일반 주택 담보대출 금리보다 낮은 금리를 적용한다.

　넷째, 저당권 설정 시 등록세, 지방교육세, 농어촌특별세, 국민주택채권매입 의무가 면제된다. 또한 주택연금 대상 중 5억 원 이내 주택은 재산세 25%가 감면되며, 5억 원 이상 주택은 5억 원만큼은 감면된다. 예를 들어 주택공시가격 3억 원의 가입자가 주택연금에 가입할 때 재산세는 27만 원에서 20만3,000원으로, 재산세에 따라붙는 지방교육세는 5만4,000원에서 4만1,000원으로 각각 25%씩 감소해 총 8만 원의 재산세가 줄어든다. 5억 원을 초과할 때는 5억 원에 해당하는 재산세액의 25%인 17만 원을 감면받게 된다. 그 외에도 이자 비용은 200만 원 한도 내에서 연금소득공제 대상이 된다.

　다섯째, 부부 모두 사망 시 또는 원하는 때에 정산이 가능한 주택연금은 언제든지 별도의 중도 상환 수수료 없이 전액 또는 일부 정산이 가능하다.

주택연금으로 성공적인 노후 준비한 사례

신혼부부 고객의 부모님께서 노후자금 상담을 위해 사무실로 찾아오셨다. 노부부는 분당에 살고 있었는데, 5억 원 상당의 32평 아파트 한 채와 보유한 현금 1억 원 정도가 전 재산이었다. 가족들이 함께 모여 노후 대책을 의논하면서 생활비를 계산해보니 매달 250만 원 정도는 있어야 한다는 결론을 얻었다. 이제 곧 국민연금에서 80만 원이 나오고 개인연금에서 20만 원이 나오니 연금으로 100만 원이 준비되어 있었다. 하지만 나머지 150만 원을 어떻게 만들어야 할지 몰라서 자문하러 오신 것이다.

이 가정의 사례를 통해 본인에게 맞는 연금 재원을 만드는 방법을 찾는 데 도움이 되었으면 좋겠다. 나는 우선 간단하게 두 가지의 시나리오를 가지고 어떻게 부족한 연금 재원인 월 150만 원을 만들 수 있는지를 보여드렸다.

〈대안 1〉
지금 집에 그대로 거주하면서 5억 원을 모두 주택연금으로 활용한다.
5억 원을 기준으로 했을 때 매달 받을 수 있는 예상 연금액은 115만 원 정도다. 그럼 40만 원 정도가 부족하게 된다. 그렇다고 해서 현금이 전혀 없는 상황에서 40만 원의 연금 재원을 만들기 위해 다시 일시납 연금이나 부동산 임대에 투자해서는 절대로 안 된다. 국민연금과 개인연금에서 100만 원, 주택연금 115만 원을 받으면 총 215만 원이다. 이 금액이면 매월 고정 생활비를 사용하기에는 적절한 금액이다.

이 가정의 경우 매월 생활비 250만 원 중에서 필요한 정기 지출 비용은 200만 원 안쪽이고, 1년 동안 건강검진, 여행, 자동차 보험료, 경조사비 등으로 500만 원 정도의 목돈이 필요하다. 그러므로 보유한 현금 1억 원을 월 지급식 글로벌 채권이나 월 지급식 ELS|지수형|에 가입해서 매년 5% 정도의 수익을 내면 1년에 필요한 비정기 지출 500만 원을 충당할 수 있다.

(단위: 만 원)

상품	투자 금액	월 연금액	비고
주택연금	50,000	115	살고 있는 집에서 그대로 거주
월 지급식 글로벌 채권	10,000	41.6(연 5%)	현금 보유 투자

이 대안의 장점은 이사를 가지 않아도 되고 살던 집에서 그대로 살면서 노후자금을 마련할 수 있다는 점이다. 그러나 단점은 노부부의 금융소득이 많지 않기 때문에 주택연금과 현금 1억 원을 잘 운용해야 필요한 자금 250만 원을 겨우 만들 수 있고 그 외에 돈이 더 필요할 경

우에는 다른 재원이 없다는 것이다.

〈대안 2〉
5억 원에 주택을 매도하고 3억 원으로 더 작은 평수의 아파트를 매입한다. 남은 2억 원은 일시납 연금에 가입한다.

3억 원 기준이면 현재 부부가 살고 있는 지역에서 24평 아파트를 매입할 수 있다. 아니면 공기가 더 좋은 수지 쪽으로 알아보면 같은 평수의 아파트를 살 수도 있을 것이다. 노부부의 경우는 지금 있는 지역에서 24평 아파트를 매입하고 싶다고 하셨다.

같은 방법으로 국민연금과 개인연금에서 100만 원, 주택연금에서 70만 원 정도가 나온다. 현금 3억 원 중에서 2억 원을 보험사에 일시납 연금|원금보장형|으로 가입하면 보험사마다 조금씩 다르긴 하지만 월 84만 원 이상이 나온다|2013년 보험사 공시이율 3.8~4% 기준|. 그럼 부족 재원 150만 원 중에서 주택연금 70만 원, 일시납 연금 84만 원, 총 154만 원이 나와 부족한 연금 재원을 채울 수 있고, 마지막 현금 1억 원까지 추가로 남게 된다. 매월 필요한 250만 원이 나오고 현금 1억 원이 추가로 있으면 부부가 원하는 은퇴생활을 충분히 누릴 수 있다.

(단위: 만 원)

상품	투자 금액	월 연금액	비고
주택연금	30,000	70	같은 동네 아파트 24평 거주
일시납 연금 보험사	20,000	84(현 공시이율 3.8%)	34평 아파트 매도 후 남은 금액
정기예금	5,000	12.5(연 3%)	원금은 남겨두고 이자 나옴
월 지급식	5,000	20.8(연 5%)	

이 대안의 장점은 24평으로 이사한 후 거주 생활비를 줄일 수 있다는 점이다. 또한 현금 1억 원을 추가로 확보해서 이자와 수익금을 받고, 나머지 현금 1억 원은 그대로 활용이 가능하다. 1억 원이 항상 현금으로 있기 때문에 좀 더 여유롭고 풍요로운 노후를 보낼 수 있다. 단점은 더 작은 아파트로 이사를 하거나, 같은 평수의 아파트를 원한다면 더 외곽으로 이사를 가야 한다는 점이다.

주택연금으로 가능한 3가지 시나리오

가지고 있는 주택과 금융자산을 이용해서 3가지 정도의 시나리오를 만들 수 있다.

첫째, 금융자산은 없고 3억 원 미만의 내 집이 있는 경우.
현금자산이 전혀 없이 3억 원의 내 집 한 채로 연금 재원을 만들어야 한다면 주택연금을 활용하는 것이 가장 좋은 방법이다. 집을 팔아서 다른 곳에 전세로 간다고 해도 남은 금액으로 연금 재원을 만들기가 쉽지 않기 때문이다. 그리고 현재 전세가가 매매가의 70% 이상으로 올라 차익금으로 연금 재원을 마련하기도 쉽지 않다. 또한 전세 가격의 상승으로 현금을 재확보해야 하는데, 노년에 현금 확보도 불가능하다. 대신 60세부터 연금을 받으면 연금 재원이 부족하므로 가능하면 4~5년 일을 더 하면서 월 100만 원이라도 벌어서 생활비를 충당하도록 권한다. 그런 다음 5년 뒤에 3억 원 주택연금을 받으면 매월 받는 금액이 올라가서 도움이 되기 때문이다.

노원구 상계동에 사는 60세 어르신이 딸의 소개로 찾아오셨다. 50대에 퇴직한 후 10년간 자영업을 해왔었는데, 계속되는 적자로 인해 어쩔 수 없이 작년에 가게 문을 닫았다고 한다. 이제는 사업자금도 없고 준비된 노후자금도 하나도 없어서 어떻게 살아야 할지 앞날이 막막해서 찾아오셨다고 했다. 여러 해 동안 부부가 함께 적자인 가게를 운영하느라 많이 지쳐서인지 노부부는 무척 침울해 보였다. 이제 두 사람에게 남은 것은 3억 원 정도 하는 24평 아파트 한 채뿐이었다. 하지만 두 분에게는 강점이 있었다. 힘들게 살아오시다 보니 이미 검소한 생활이 익숙해지셔서 노후에 그리 큰돈이 필요하지 않다는 점이었다.

함께 노후 생활비를 산출해보니 매월 정기 지출 140만 원과 비정기 지출 20만 원 정도로 총 160만 원 정도만 만들면 충분히 노후를 사실 수 있었다. 일단 국민연금에서 45만 원이 나오고 개인연금은 15만 원 정도가 나와서 총 60만 원의 연금 재원은 확보할 수 있었다. 나머지 100만 원을 만들어야 하는데 현재 3억 원 정도 하는 주택으로는 주택연금이 64만 원 정도 나와서 재원이 부족했다.

어르신들이 오랜 자영업으로 지쳐 있었지만 다른 방법이 없었다. 나는 두 분이 할 수 있는 작은 일을 찾아보자고 제안했다. 부인께 먼저 "일 중에서 어떤 일이 그래도 덜 힘들고 재미있을까요?"라고 여쭤보았다. 그러자 부인은 잠깐 생각을 하다가 "아이들 보는 일이라면 그래도 재미있게 잘할 수 있을 것 같아요" 하고 대답하셨다. 나는 그럼 베이비시터 일을 알아보자고 제안했다. 아내가 베이비시터로 월 80만 원 정도만 벌고 남편이 어떻게든 월 80만 원 수입을 가져올 수 있다면 160만 원으로 생활하는 것이다.

그렇게 되면 국민연금 수급 기간도 5년 정도 연장하고 주택연금도 5년 정도 연장해서 개인연금 15만 원과 수입에서 15만 원을 남겨 총 30만 원을 국민연금에 추가 납부하면 5년 후 65세부터 국민연금 수령액은 80만 원으로 올라간다. 주택연금 또한 76만 원을 받을 수 있어서 부부 노후 생활비는 준비가 된다. 또한 아내가 65세 이상이 되면 노령기초연금을 10만 원 이상은 받게 되어 노후 생활비 160만 원을 어렵지 않게 만들 수 있는 것이다.

금융소득이 전혀 없고 3억 원 미만의 주택을 가지고 있는 경우는 60세에 당장 연금 재원을 만들기 어렵기 때문에 가능하면 부부가 노후 생활비 정도의 소득을 만들어 국민연금 수급 기간과 주택연금 신청 기간을 연장시키는 게 유리하다.

둘째, 금융자산은 없고 5억~6억 원 이상의 부동산을 소유하고 있는 경우.
이 경우는 앞의 사례와 같이 평수를 줄여 확보한 현금으로 일시납 연금을 가입하고 주택연금을 신청하는 것이 유리하다. 앞서 말한 분당 노부부의 사례가 이 경우에 해당된다.

셋째, 금융자산도 있고 부동산도 보유하고 있는 경우.
만약 3억 원의 현금과 5억 원의 주택이 있다면 굳이 5억 원의 주택을 팔고 이사를 가지 않아도 된다. 3억 원 중에서 2억 원은 일시납 연금에 가입해서 월 84만 원을 받을 수 있고, 5억 원의 주택연금으로 115만 원을 받을 수 있다. 남은 1억 원으로는 예금과 채권에 투자해서 월 32만 원을 확보하면 총 230만 원이 만들어진다. 평균 이상의 노후 생활자금이 확보되는 것이다.

주택연금은 우선 개인의 상황에 맞게끔 이용하는 것이 좋다. 무엇보다 중요한 것은 부부에게 맞는 적절한 노후 생활비를 책정하는 것이다. 재원이 부족할 때 가장 좋은 방법은 정년을 연장하고 좋아하는 일을 찾아서 매월 50만~100만 원이라도 수입을 만드는 것이다. 60세 기준으로 5억 원의 주택을 주택금융공사에 맡겨도 매월 받는 돈은 115만 원밖에 되지 않는다. 노년에 좋아하는 일을 하면서 부부가 월 100만 원을 만들 수 있다면 정말 가치 있고 귀한 100만 원이 될 것이다. 그리고 주택연금과 국민연금 수급 기간을 연장시키면 좀 더 풍요로운 노후를 보낼 수 있다.

4 개인연금으로 노후 준비하기

20대 사회 초년생부터 60대 은퇴자까지 노후 생활비를 마련하기 위해 꼭 가입해야 할 것이 보험사에서 판매하는 연금 상품이다. 요즘 젊은 직장인이나 신혼부부를 상담하다 보면 연금 상품에 사업비가 많기 때문에 적립식 펀드로 노후 준비를 하고 싶다는 사람들도 가끔 있다. 그럴 경우 엑셀로 만든 자료를 보여주며 어떤 것이 유리한지 설명을 해주지만 단순한 사업비에 대한 비교만 하면 중요한 것을 놓치게 된다.

2005년, 30대 중반 부부가 노후자금을 위해 연금 상품 대신 펀드에 가입했다. 8년이 지난 지금 그 부부에겐 노후 생활비를 위한 금융 상품은 사라져버렸다. 2010년 내 집 마련을 할 때 매월 50만 원씩 납부했던 노후를 위한 펀드를 환매해서 사용했기 때문이다. 이후에도 대출을 갚는 등 이런저런 이유로 노후를 위한 다른 금융 상품조차 준비하지 못했다. 결국 8년이 지난 지금에 와서 부부는 다시 연금 상품에 가입해야 하는 처지에 놓였다. 노후 생활비를 펀드로 했을 경우, 장기 상품에 묻어두지 않으면 중간에 필요에 의해(내 집 마련, 자녀 교육, 자동차 구입 등) 20년 이상을 지켜갈 수 없다. 그러므로 10년이나 20년, 혹은 30년 후에 받게 될 노후 생활비를 마련하기 위한 금융 상품은 연금 상품이 좋다. 그런데 보험사의 연금 상품이 너무 다양해 소비자들이 분석하고 결정하기가 쉽지 않다. 일반적으로 보험사 상품은 보험회사의 입장에서 주는 정보를 무작정 믿고 따르기보다는 내가 필요한 목적과 상품의 구조를 조금만 공부하고 이해하면 더 좋은 상품에 가입할 수 있다.

보험사의 연금 상품은 크게 매월 납부하는 적립식 연금과 일시납으로 납부하는 일시납 연금이 있다. 그리고 그 안에서 다시 세 가지 상품, 즉 연금보험, 변액연금, 변액유니버설 보험으로 나누어진다. 여기서 소득공제가 되는 연금보험저축, 연금펀드, 연금신탁은 종신으로 나오는 연금이 아니기 때문에 우선 비교에서 제외하겠다. 이 세 가지 보험 상품의 특징은 결국 무위험 자산, 저위험 자산, 위험 자산으로 분리할 수 있다. 변액보험은 위험 자산이긴 하지만 변액 상품 안에 펀드가

10개에서 30개까지 운용된다. 그러므로 그 안에서 다시 채권과 같은 무위험 자산을 선택할 수 있기 때문에 무조건 위험하다고만 할 수 없다.

그럼 어떤 상품이 나에게 맞는 좋은 상품인지 선택의 기준을 정해보자.

표9 개인연금 상품 비교

상품	성격	장점	단점	전략 및 추천
연금보험	공시이율 적용	원금 보장 및 최저 공시이율 보장, 경험생명표 가입 시점 적용, 비과세	저금리 시대의 물가 상승률에 대한 위험	장기 상품으로 저금리시대에 추천하고 싶지 않음. 60대 이상 즉시연금으로 추천.
변액연금	주식 50%&채권 50% 투자	원금 보장 및 안정성, 경험생명표 가입 시점 적용	채권 수익률이 떨어져 장기적으로 수익률 확보 안 됨.	연금 개시까지 15년 남은 50대, 5~10년간 연금 납부할 자영업자.
변액유니버셜 보험	주식 100%, 채권 100% 탄력 운용 가능	보다 높은 수익률. 주가 상승 시 주식 비중, 하락 시 채권으로 자산 하락 방어 가능. 탄력적 자산 운용	대부분 보험사 경험생명표 연금 전환 시점 적용. 단, 현재 몇 개 보험사는 가입 시점 경험생명표 적용 (확인 필요)	연금 개시까지 20년 이상 남은 20~40대 초반 추가 납부 이용, 은퇴 시기 직전 퇴직금 등 일시금 납부

위와 같은 기준을 두고 매월 납부하는 적립식 연금과 목돈을 한 번에 투자하는 일시납 거치형 연금 중에서 본인에게 맞는 상품을 선택하면 된다. 그럼 각 상품별로 사례를 들어가면서 좀 더 자세히 살펴보기로 하겠다.

추천하고 싶지 않은 연금보험

　먼저 나는 상담을 할 때 연금보험은 추천하지 않는 편이다. 그 이유는 앞으로 '저금리 시대'가 도래할 가능성이 크기 때문이다. 전 세계 금융위기를 통해 앞으로는 고성장보다는 저성장 시대로 흘러갈 것이라고 많은 전문가들이 예상하고 있다. 더불어 금리도 4~5%를 유지하기 힘들기 때문에 각 보험사마다 최저 보증 공시이율 2%를 적용하고 있다. 실제로 선진국의 사례를 보더라도 GDP가 점점 떨어지면 금리도 계속 떨어지는 것을 알 수 있다. 연금보험은 한 번 가입을 하고 나서 20~30년 후에 연금을 받는 구조이기 때문에 앞으로의 거시경제를 생각해보면 공시이율로 20년 동안 묶어두는 상품을 추천하고 싶지 않은 것이다. 하지만 자금이 풍부한 자산가들 중에서 노후 생활비가 문제가 되지 않고, 오히려 세금이 문제가 되는 경우라면 비과세가 되는 연금보험을 추천할 만하다. 노후 준비가 이미 충분히 되어 있고, 상속세 등의 세금을 걱정하는 사람들은 세금만 줄여도 재테크가 될 수 있기 때문이다. 그러므로 투자 성향이 안정적인 사람들은 굳이 투자형 연금을 선택하지 않아도 된다. 하지만 대부분의 서민들은 노후 준비를 일찍 시작해야 하고 투자 수익률을 1~2%라도 더 내는 게 노후 생활비 마련에 도움이 되므로 투자형 연금을 선택하는 것이 좋다.

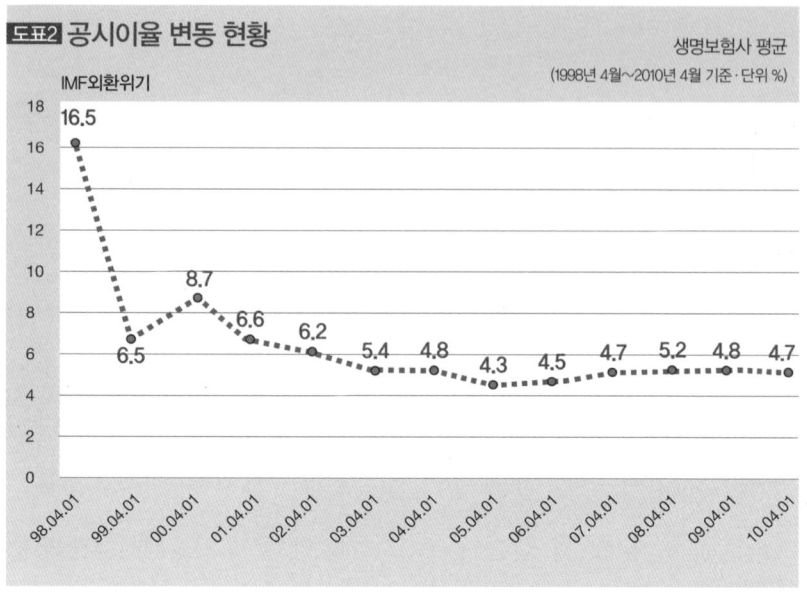

투자 성향이 보수적이라면 변액연금에

재무 상담을 10년 이상 하면서 느끼는 것은 보험사에서 추천하는 연금은 대부분 연금보험이나 변액연금인 경우가 많다는 것이다. 특히 국내 보험사에서 일하는 나이가 많은 설계사들은 투자 상품보다 안전한 저축 상품을 권유하는 것을 자주 볼 수 있다. 하지만 나는 이런 보험사의 트렌드에 반대하는 편이다. 변액연금은 주식형 펀드 50%와 채권형 펀드 50%로 운용되므로 자산 배분이 적절하게 나누어져 있다. 한

번은 결혼예비학교에서 세미나를 했는데 보험 쪽 일을 하는 30대 남성이 찾아왔다. 노후자금을 위한 연금 상품으로 왜 변액연금보다 변액유니버셜을 추천하는지 궁금해서 찾아왔다는 것이다. 나는 변액연금도 좋은 상품이고 나쁜 선택이 아니라고 말해주고 나서 몇 가지 통계 자료를 보여주었다.

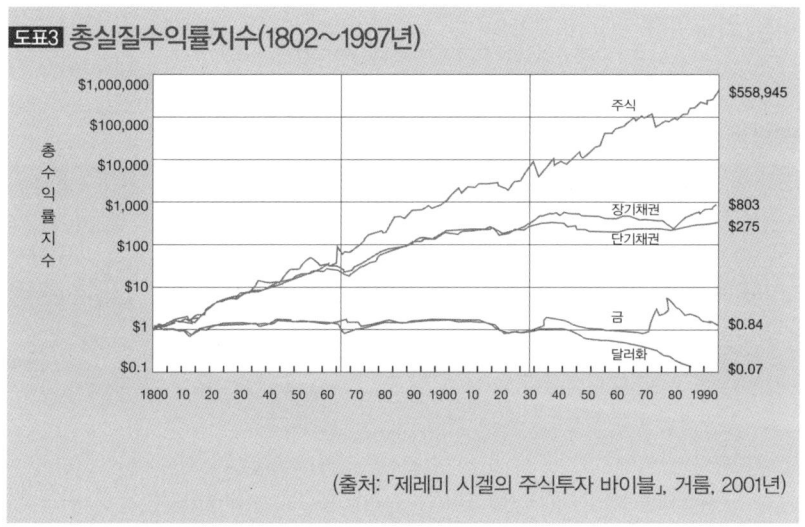

(출처: 「제레미 시겔의 주식투자 바이블」, 거름, 2001년)

우선 지난 200년 주식의 역사를 장기적으로 살펴봐도 국공채 수익률이 주식의 수익률을 따라잡은 적이 없다. 물론 위 도표에서처럼 1930년대 대공황 사태나 1970년대 오일쇼크, 2008년 금융위기 같은 대

205

폭락 때는 채권시장이 주식시장보다 당연히 수익률이 높다. 하지만 대공황도 10년 만에 회복되었고, 오일쇼크는 7년, 2008년 금융위기는 5년 만에 폭락 직전으로 다시 회복되었다. 우리나라도 IMF 때 주가가 1,000에서 280포인트까지 떨어지고 금융위기 때는 2,000에서 980포인트까지 떨어졌지만 둘 다 2~4년이 지나면서 회복이 되었다. 하지만 장기채권의 경우 겨우 물가 상승률을 따라갈 정도의 수익을 내고 있다. 이는 지난 5년간 우리나라 펀드 수익률을 통해서도 확인할 수 있다.

표10 최근 5년간 주식형 펀드 수익률

주식형 펀드 이름	운용 규모(억 원)	5년 누적 수익률(%)	비고
신영밸류 고배당 c	11,035	111	배당주
한국밸류10년	10,363	115	가치주
한국투자 한국의 힘	10,181	91	대형주
삼성중소형 포커스	5,500	167	중소형주
주식형 펀드 평균 수익률		65	

위 표는 2013년 10월 14일 기준으로 지난 5년간 주식형 펀드의 수익률 결과이다. 거치형의 결과이지만 적립식으로 5년 들어간 누적 수익률이 50% 이상이다. 최고 수익을 냈던 펀드를 제외하고 일반 주식형과 배당 주식형 펀드를 보면 연평균 6~8%는 기대할 수 있다. 특히 10년 이상 20년 정도의 장기간 적립식 상품을 선택하면 중간 중간에 경제위기가 있어도 시간으로 충분히 해결할 수 있다.

표11 5년간 채권형 펀드 수익률

채권형 펀드 이름	운용 규모(억 원)	5년 누적 수익률(%)	비고
신영퇴직연금 배당	1,100	52	배당주
삼성퇴직연금 배당	3,500	50	가치주
한국밸류10년 채권혼합	4,200	56	대형주
채권형 펀드 평균 수익률		37	

다음은 채권형 펀드를 살펴보자. 금융위기 이후 기준금리가 계속 떨어져서 이 기간 채권형 펀드 수익률은 평균 채권 수익률보다 높았다. 채권혼합형 주식은 대부분 40%는 채권에, 60%는 주식에 투자된다. 지난 5년간 채권혼합형 수익이 연 10%대를 육박하는 것은 주식형 펀드의 수익률이 좋아서였다. 채권형 펀드는 최고 수익률을 냈던 펀드를 제외하고 15위 정도의 수익률을 보면 5년간 25%, 연평균 5% 정도의 수익률을 냈다. 결코 나쁘지 않은 수익률이다. 하지만 지난 10년 동안 평균 연금신탁 채권펀드 수익률은 4%가 안 되고, 장기채권 기대 수익률 또한 4% 정도다. 이런 이유로 10~20년의 장기로 볼 때 변액연금과 변액유니버셜의 수익률은 2~3%의 차이가 나게 된다.

결국 연금 개시까지 20~30년 연금을 운용하기에는 채권보다는 주식시장 편입 비중이 높은 상품이 유리하다. 물론 관리해줄 사람도 없고 투자 성향도 보수적이라면 좀 더 안전한 변액연금을 선택해도 무방하다. 또한 연금 개시가 10~15년 남은 50대들에겐 변액연금을 추천한다.

40대 초반까지는 변액유니버셜이 유리하다

변액연금을 설명할 때 주식형 펀드와 채권형 펀드의 5년 수익률 결과를 비교해봤지만, 20년 이상 투자를 하면서 연금을 받기 원하는 사람들에게는 변액유니버셜을 추천한다. 물론 변액보험 가입 후 펀드 변경을 관리해줄 관리자가 없다면 원금과 납부금의 100~200%까지 보장해주는 변액연금도 고려해볼 수 있다. 하지만 재무 설계를 통해 연금에 가입하고 관리자가 변액의 펀드 변경을 할 수 있으면 변액유니버셜이 좋다.

어느 날, 3차 재무 상담을 마친 고객이 보험 관련 서적을 들고 나를 찾아온 적이 있었다. 그가 들고 온 책은 꽤 유명한 보험설계사가 쓴 책이었다. 방송국 PD인 그는 책에서 이해가 되지 않는 부분을 보여주었다. 그 책에는 "연금만을 위해선 변액유니버셜보다 변액연금이 좋다"라고 쓰여 있었다. "변액유니버셜은 연금 상품이 아니어서 향후 은퇴 시점에 연금 전환을 할 경우 연금 전환 시점의 경험생명표가 적용되기 때문에 매월 받는 연금액이 줄어들 수 있다"는 내용이었다. 변액연금과 연금보험은 연금 가입 시점에 경험생명표가 적용되고, 변액유니버셜은 연금 전환 시점에 경험생명표가 적용되는 것은 맞는 말이었다. 그래서 보험사에서는 순수 연금의 목적만 따져서 연금보험과 변액연금이 변액유니버설보다 유리하다고 말한다. 하지만 지금 외국계 보험사 중에는 연금보험처럼 연금 전환 시 가입 시점의 경험생명표가 적용되는 변액유니버설 상품들을 출시하는 곳들이 있다. 그리고 시간이 지나면 타 보험사들도 동일하게 소비자에게 유리하도록 이러한 지침들이 바뀔 것이다.

"경험생명표가 뭐예요?"

경험생명표란 보험 가입자의 성별, 연령, 실제 전체 사망률을 근거로 해서 만들어지는 사망률 표이다. 생존율에 관련된 사실을 분석하여 작성한 표인데, 한마디로 설명하면 연금 가입자의 평균수명 통계치라고 할 수 있다. 사망 보장을 위한 종신보험이나 정기보험에는 이러한 정보가 산출 기준으로 쓰이며, 특히 연금보험 지급액의 산출 기준이 된다. 예를 들어 2013년 10월 현재, 7회 경험생명표는 남자 81세, 여자 86세 정도이다. 경험생명표는 3년마다 보험개발원에서 발표하는데, 그때마다 평균수명이 길어지기 때문에 내가 받는 연금액은 줄어든다. 20~30년을 연금에 투자해 재원이 모여도 연금 전환 시 받는 연금은 연금 재원에서 평균수명을 나눈 것을 주기 때문이다.

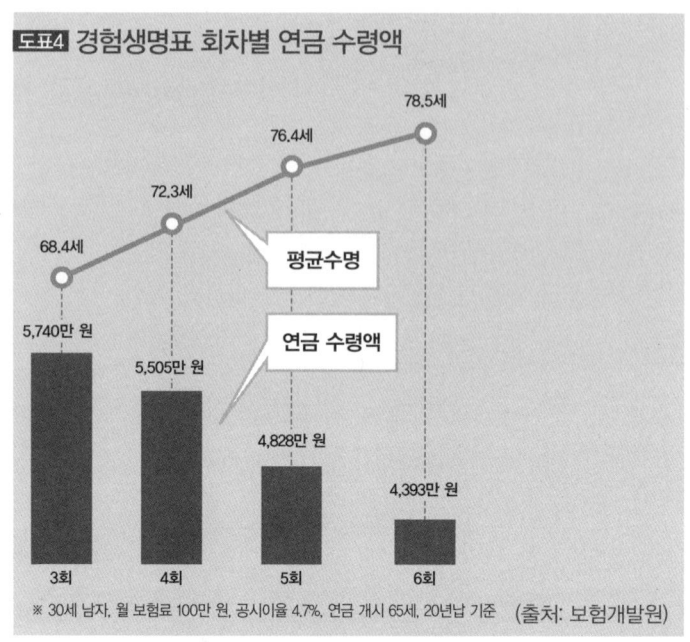

　예를 들어, 60세 여성이 일시납 즉시연금에 2억 원을 가입했는데 2013년 기준으로 받게 되면 제7경험생명표 적용을 받게 된다. 만약 이 여성이 10년 전 매월 130만 원씩 10년간 변액연금을 가입하고 변액연금 투자 수익률 6%에 사업비를 제외한 실제 수익률 5%를 잡으면 10년 후 2억 원의 연금 재원을 모을 수 있다. 이렇게 10년 전에 연금을 일찍 가입하여 2억 원을 모아서 60세 시점에서 연금을 받는다면 2013년에 일시납 2억 원 연금을 가입해서 받는 것보다 13% 정도는 더 받을 수 있다.

왜냐하면 지난 10년간 경험생명표가 3번 바뀌어서 평균수명이 7년이나 늘어났기 때문이다. 그러므로 이 여성의 경우, 총연금 재원에서 7년을 더 나눈 금액을 받게 되므로 매월 받는 금액이 13% 정도 적어지게 된 것이다.

보험사의 연금이나 변액연금 상품은 경험생명표가 가입 시점에서 적용되고 변액유니버셜은 가입 시점이 아닌 20~30년 후 연금 전환 시점이어서 연금보험이 순수 노후자금의 목적으로는 더 유리하다고 할 수 있다. 그러나 앞에서도 밝혔지만, 현재 보험사 변액유니버셜 보험 중 경험생명표를 가입 시점으로 적용하는 상품이 외국계 보험사에 나와 있으니 알아보고 잘 선택하길 바란다. 변액유니버셜 보험을 연금의 목적으로 가입할 때 이젠 "이 변액유니버셜은 경험생명표가 가입 시점에 적용되는 상품인가요?"라고 꼭 물어보길 바란다.

연금보험 상품에 대해 꼭 알아야 할 기본 지식

먼저 시간과 수익률에 대한 기회비용을 꼭 생각해야 한다. 또한 '돈 걱정 없는 노후생활'을 위해선 은퇴 시 연금 재원을 많이 모아두는 것이 유리하다. 많은 연금 재원을 확보하기 위해서는 무조건 많은 금액을 연금으로 가입하는 것보다 적은 금액이라도 꾸준히 가져가는 것이 중요하다. 많은 금액의 연금은 중도에 해지할 가능성이 높다. 일반적으로 자신의 연봉에서 10% 정도는 꼭 연금을 위해 투자해야 한다. 이때 같은 돈을 넣고 연금 재원을 좀 더 많이 확보할 수 있는 방법은 크게 두 가지가 있다.

표12 시간과 수익률에 의한 복리표

(단위: 원)

적립금	300,000			
기간(연)	납부 총액	3%	5%	7%
1	3,600,000	3,708,000	3,780,000	3,852,000
2	7,200,000	7,473,240	7,659,000	7,847,640
3	10,800,000	11,351,437	11,731,950	12,122,975
4	14,400,000	15,345,980	16,008,548	16,697,583
5	18,000,000	19,460,360	20,498,975	21,592,414
10	36,000,000	41,959,473	46,552,043	51,711,731
15	54,000,000	68,042,111	79,803,093	93,955,631
20	72,000,000	98,279,038	122,240,796	153,204,887
25	90,000,000	133,331,923	176,403,254	236,305,033
30	108,000,000	173,967,824	245,529,799	352,857,286
35	126,000,000	221,075,970	333,754,735	516,327,851

가끔 홈쇼핑에서 저축보험 상품을 판매할 때 시간에 따른 복리표를 그래프로 그려서 복리 상품의 유리한 점을 부각한다. 난 상담 시 저축보험이나 연금보험도 물론 복리로 계산이 되지만 그 이자율이 4%를 넘기기 힘들기 때문에 물가 상승률을 감안하면 30년 기다린 보람이나 보상이 없어 추천하지 않는다. 왼쪽 표를 보면 매월 30만 원을 납부했을 시 노란색은 5년 단위로 총납부 금액을 예시하고 오른쪽은 수익률 3%/5%/7%에 따른 총평가액을 예시했다. 30만 원씩 7% 수익률을 가정했을 시 20년 후는 납부 금액 7,200만 원의 2배가 넘는 1억 5,300만 원이 모이지만 30년 후에는 1억800만 원 납부로 3배가 넘는 3억5,200만 원을 모을 수 있다. 10년의 차이가 엄청난 것이다. 또한 20년, 30년 기간 동안 투자 수익률에 따른 차이도 엄청나다. 30년을 기준으로 보면 매월 30만 원 납부 시 3%는 1억7,300만 원/ 5% 2억4,500만 원/7% 3억5,200만 원으로 큰 차이를 보이고 있다.

1. 최대한 일찍 가입한다.

만약 30세에 연금 30만 원을 가입한 사람과 40세에 연금을 가입한 사람이 있다고 가정해보자. 40세에 가입한 사람은 매월 69만 3,000원을 20년 동안 납부해야 30년 뒤 30세에 가입한 사람과 같은 3억5,000만 원을 준비할 수 있다. 40세가 되면 자녀 사교육비와 내 집 마련으로 돈이 많이 필요해진다. 이 시기에 60만 원 이상의 돈을 납부하기는 결코 쉽지 않다. 또한 10년 빨리 30만 원을 30년간 납부한 총액은 1억800만 원이지만, 10년 후 69만 원을 20년간 납부한 총액은 1억6,632만 원이다. 5,832만 원을 더 납부한 것이다. 그러므로 연금은 적은 금액이라도 최대한 일찍 가입하는 것이 좋다. 물론 무리한 금액을 가입하기보다는 본인의 수입에서 10% 정도를 책정하여 일찍 가입한 후 20~30년 동안 길게 끌고 가면서 중간에 추가 납부를 하는 것이 유리하다.

표13 시간과 수익률에 의한 복리표

(단위: 원)

적립금(월)	30만 원(40세 가입)		적립금(월)	30만 원(30세 가입)	
기간	연 납부액	7%	기간	연 납부액	7%
5			5	3,600,000	21,592,414
10			10	3,600,000	51,711,731
11	3,600,000	3,726,000	11	3,600,000	59,057,552
12	3,600,000	7,712,820	12	3,600,000	66,917,581
13	3,600,000	11,978,717	13	3,600,000	75,327,811
14	3,600,000	16,543,228	14	3,600,000	84,326,758
15	3,600,000	21,427,254	15	3,600,000	93,955,631
20	3,600,000	51,480,085	20	3,600,000	153,204,887
25	3,600,000	93,630,736	25	3,600,000	236,305,033
30	3,600,000	152,749,204	30	3,600,000	352,857,286

표14 시간과 수익률에 의한 복리표

(단위: 원)

적립금(월)	69만3000원(40세 가입)		적립금(월)	30만 원(30세 가입)	
기간	연 납부액	7%	기간	연 납부액	7%
5			5	3,600,000	21,592,414
10			10	3,600,000	51,711,731
11	8,316,000	860,706	11	3,600,000	59,057,552
12	8,316,000	17,816,614	12	3,600,000	66,917,581
13	8,316,000	27,670,837	13	3,600,000	75,327,811
14	8,316,000	38,214,856	14	3,600,000	84,326,758
15	8,316,000	49,496,956	15	3,600,000	93,955,631
20	8,316,000	118,918,997	20	3,600,000	153,204,887
25	8,316,000	216,287,000	25	3,600,000	236,305,033
30	8,316,000	352,850,662	30	3,600,000	352,857,286

40세에 가입할 경우, 30세와 동일한 연금 재원을 만들기 위해 매월 납부해야 하는 금액

2. 투자 수익률을 높인다 |연금보험은 저축성보다는 투자성 보험을 선택한다|.

나는 재무 상담을 할 때 고객들에게 단기자금은 은행의 안전한 정기적금에 가입하라고 권한다. 1~2년 안에 목돈을 만드는 게 목적이기 때문이다. 장기연금 상품을 저축으로 하게 되면 보험사의 사업비를 떼고 나면 실제 물가 상승률만 겨우 따라갈 정도의 수익률을 얻게 된다.

〈표15〉는 연금보험, 변액연금, 변액유니버셜 상품의 예상 수익률을 10~30년까지 적용했을 때 얻을 수 있는 연금 재원의 예시표이다. 어떤 상품이든 초기 사업비가 많이 빠지기 때문에 사업비를 제외한 순

표15 연금보험, 변액연금, 변액유니버셜 상품의 예상 수익률

(단위: 원)

적립금	300,000			
기간	연 납부액	3%	5%	7%
5	3,600,000	19,460,360	20,498,975	21,592,414
10	3,600,000	41,959,473	46,552,043	51,711,731
15	3,600,000	68,042,111	79,803,093	93,955,631
20	3,600,000	98,279,038	122,240,796	153,204,887
25	3,600,000	133,331,923	176,403,254	236,305,033
30	3,600,000	173,967,824	245,529,799	352,857,286

수한 수익률만 적용한 것이다. 우선 5년이라는 시간 안에서는 3~7%의 차이는 그다지 크지 않다. 하지만 30년 후에는 엄청나게 달라진다. 3%의 수익을 얻는다고 가정했을 때 30만 원을 30년간 납부하면 총납부 금액은 1억800만 원이고 얻는 연금 재원은 1억7,300만 원이다. 1억7,300만 원은 많은 것처럼 느껴지지만 실제 납부금 대비 물가 상승률을 감안하면 수익이 났다고 볼 수 없다. 그저 물가 대비 원금 정도 준비되었다고 보면 무방하다. 하지만 거기에다 투자 수익률을 2%씩만 올려도 2억4,500만~3억5,200만 원까지 받을 수 있다. 그러므로 20~30년 후 노후자금을 위한 연금 상품은 가능하면 투자 상품으로 해야 한다. 그리고 펀드 변경에 신경을 써서 2%라도 수익이 더 나도록 해야 한다.

50대를 위한 변액연금과 일시납 연금

연금에 가입하기 전, 실제 연금 개시일이 지금부터 얼마나 남았는지 계산해보고 납부 가능한 금액을 산정해야 한다. 본인이나 배우자 수입이 향후 10년 정도 확보가 가능하면 5년납, 7년납보다 10년납이 좋다. 50대가 되어서 연금을 가입하면 10년, 15년 후 종신으로 받는 연금액은 얼마 되지 않는다. 이는 보험사마다 거의 비슷하다. 50대가 되면 아무래도 좀 더 안전하게 원금보장형 상품을 선택하는 것이 좋다. 투자 수익률 5%를 가정하고 매월 50만~100만 원을 납부해도 실제 연금액은 납부했던 보험료에 비하면 턱없이 부족하다는 느낌이 들게 된다. 하지만 납부 기간은 10년이고 연금을 받는 평균수명은 87세가 넘으니, 10년 동안 내고 25년 동안 받게 되는 것이므로 연금액이 많지 않은 것은 당연하다.

50대에 전문 직업을 갖고 있으면서 65세까지 충분한 급여가 들어오지 않는 이상, 매월 30만~50만 원씩 납부한 연금으로는 노후에

표16 50세 여성 10년 연금 납부 5년 거치 후　　　　　　　(단위: 만 원)

월 납부액	총납부 금액	기간	연금 예시액(투자 수익률 5%)
50	6,000	10년납 5년 거치	250/연
100	12,000	10년납 5년 거치	500/연

큰 도움이 되지 않는다. 그래서 50대 이후에 노후 준비가 안 된 상태에서 연금을 가입할 때는 가능하면 목돈으로 가입하는 거치형 연금이 유리하다.

표17 50세 여성 6,000만 원, 1억2,000만 원 일시납 연금 가입 후

(단위: 만 원)

초기 투자 금액	거치 기간	연금 개시	연금 예시액(투자 수익률 5%)
6,000	15년	65세	600/연
12,000	15년	65세	1,200/연

매월 50만 원을 납부해서 6,000만 원을 만드는 것과 처음부터 6,000만 원을 투자하는 것은 가입자 입장에서 보면 매우 다른 부담감으로 다가온다. 하지만 50대에 연금 재원을 만들기 위해선 어떻게든 매월 납부하는 연금보다 일시납으로 거치하는 연금이 더 유리하다는 것을 강조하기 위해서 하는 말이다. 50대에 자녀 대학자금까지만 도움을 준 이후 노후 준비가 부족하다고 생각되면 자녀들에게 전세금이나 결혼자금을 보조해줄 것이 아니라 본인의 연금부터 일시금으로 거치해두는 것이 올바른 선택이다. 준비 안 된 노후를 맞이하는 것은 나중에 자녀들을 위해서도 도움이 되지 않기 때문이다.

60대를 위한 즉시연금

2012년 봄, 어르신이 노후 상담을 위해 찾아오셨다. 이 어르신은 대형 평수 아파트 두 채를 갖고 있었는데, 다른 금융자산은 전혀 없었다. 나는 6개월 정도 상담을 하면서 적절한 금액에 부동산을 매각하도록 권했다. 그 결과 13억 원 정도의 현금을 보유할 수 있게 되었다. 남편은 아내가 지병이 있어서 가능하면 이것저것 관리해야 하는 임대사업보다는 연금에 가입해서 안정된 연금을 받고 싶어 했다. 그래서 10억 원을 즉시연금에 가입해서 매월 연금 420만 원을 20년 보증으로 종신토록 받을 수 있게 되었다.

간혹 50대 초반의 부부가 와서 2억 원을 즉시연금에 가입하고 싶다고 하시는 분들이 있다. 하지만 현재 일을 통해 수입이 있고 당장 연금이 필요 없는 경우라면 2억 원을 거치형 연금에 투자(혹은 저축)하고 10년을 기다렸다가 나중에 연금 전환하는 것이 더 유리하다. 만약 가입자가 60대라면 당장 노후자금이 필요하므로 즉시연금이 가장 적합하다. 즉시연금의 경우 유형별로 연금 수령액이 달라지므로 몇 가지 차이점을 알고 있는 것이 유리하다.

표18 **즉시연금 유형별 연금 수령액 차이 비교(보험사 평균값)** (단위: 원)

	확정형(20년)	종신형(보증 20년)	상속형
연금 예시액(월)	53만	43만	28만5,000
만기(사망 시) 환급금			1억
수령 총액(20년 생존)	1억2,720만	1억320만	1억6,840만
30년 생존		1억5,480만	

　확정형은 매월 53만 원을 20년 동안 무조건 지급하는 유형이다. 종신형은 최소 20년의 연금 지급 보증 기간|본인 사망 시, 남아 있는 연금 재원을 배우자에게 보증 지급하는 기간|을 두고 평생 살아 있는 동안 계속 지급하는 유형이며, 상속형은 본인이 사망할 때 원금을 남겨서 상속인에게 주고 매월 이자만 받는 방법이다.

　위 표를 보면 즉시연금 가입 시 어떤 상품이 나에게 유리할지 선택하기가 쉽지 않다. 자식에게 사망한 후 현금을 물려주고 싶은 뜻이 없다면 우선 상속형은 제외하기로 하자. 이는 세금까지 따져야 해서 일반인들에게는 적합하지 않다. 그럼 확정형과 종신형 중에서 선택해야 한다. 현재 60세 기준으로 여성의 평균수명이 87세이므로 62세에 즉시연금을 가입하여 20년 보증 확정을 받으면 82세까지만 연금이 나온다. 그렇게 되면 종신형보다 매월 10만 원씩 20년을 더 받게 된다. 하지만 82세에 20년 확정 기간이 끝나면 한 푼도 나오지 않으므로 매월 10만 원을 더 받는 것이 그다지 큰 의미가 없다. 그래서 나는 상담할 때 주로 종신형을 권유하는 편이다. 만약 여기저기서 나올 연금이나 임대소득이 많아서 20년 후가 되어도 충분히 노후자금이 확보된 경우라면 20년 확정형도 고려할 만하다.

이외에도 20년 동안 증액형|매월 연금액이 조금씩 올라간다|, 감액형|처음엔 많은 연금을 주지만 시간이 지날수록 연금액이 줄어든다|이 있지만, 일반적으로는 종신형을 선택하는 것이 유리하다.

변액연금 5~6년 되어야 원금,
하지만 20~30년 지키면 충분히 보상받는다

재무 상담을 하다 보면 사실 대부분 장기 이벤트보다는 단기·중기 이벤트에 더 집중하는 것을 볼 수 있다. 그러므로 5년 안의 현금흐름을 잡는 것이 더 중요하다. 20대 미혼은 결혼자금부터 마련해야 하고, 30대 부부는 전세자금 대출 상환과 함께 2년마다 천정부지로 오르는 전세자금 마련에 집중해야 한다. 40대가 되면 자녀 사교육비 마련과 내 집 마련 대출 상환 때문에 분주하고, 50대가 되면 자녀 대학자금 준비 때문에 저축할 돈이 없다. 그러다 보면 어느새 세월은 흘러 60대가 된다. 대체 무슨 돈으로 연금에 가입한단 말인가? 무조건 연봉의

10%를 떼어서 연금 가입을 시작해야 한다. 막상 연금을 가입했다고 해도 앞서 말한 단기·중기의 여러 가지 사건들 때문에 연금에 쌓여 있는 돈을 쓰고 싶은 충동을 느낄 때가 많다. 하지만 그런 모든 욕구를 끈기 있게 참아내야만 한다.

연금 가입 후 5년이 지나 펀드는 수익이 나서 전세자금 대출도 갚고 자녀 대학자금으로도 활용하고 있는데, 연금은 여전히 원금 수준에 머물고 있다. '그럼 대체 이 상품을 왜 계속 갖고 있어야 하지?' 하는 의구심이 들기도 한다. 하지만 이때 꼭 기억해야 할 것이 있다. 연금은 20년 이상 납부하고 65세부터 받는 초장기 상품이라는 것이다. 실제 현장에서 재무 상담을 하다 보면 펀드나 연금 상품을 추천해줄 때가 있는데, 연금 상품을 소개할 때면 나는 먼저 변액유니버셜 보험의 해약금 예시표부터 보여준다. "여기 보세요. 펀드는 5년이면 이만큼 수익이 나는데, 변액유니버셜 보험은 5~6년이 돼야 원금이 겨우 됩니다"라며 정확하게 인지하도록 도와준다. 연금 상품은 15년 이상 20년이 지나야 펀드와 수익률을 비교해봤을 때 동일하거나 유리해진다고 설명한다. 연금 상품이 사업비가 많이 빠진다고 펀드로 연금을 가입할 수도 없다.

연금 설명할 때 첫 부분에서 이미 언급했지만 우리는 30년 넘게 연금 상품에 돈을 묶어두는 것이 어렵다. 또한 경험생명표 부분에서도

지금 연금을 가입하는 게 펀드로 투자해서 20~30년 뒤 즉시연금을 받는 것보다 유리하다. 또한 실제 보험사의 사업비와 펀드 수수료를 같은 수익률에서 비교해봐도 16년 이상이 되면 쌓이는 재원은 같아진다.|30만 원 납부, 투자 수익률 7% 기준|.

그러므로 본인에게 맞는 연금 상품을 면밀히 검토해본 후 가입하게 되면, 마치 공무원 연금을 납부하듯이 20~30년 후 연금 개시 전까지 인내심을 갖고 납부해야 한다. 그러면 반드시 충분한 보상을 받을 수 있을 것이다.

5 투자로 노후 준비하기

지난 2008년 금융위기 때 60세 정도 된 어르신이 은행에 맡긴 돈 1억 원을 돌려달라며 모 은행 앞에서 시위를 했다. 창구 직원의 말만 믿고 무작정 투자 상품에 가입했다가 하루아침에 돈을 잃게 된 것이다. 2013년 가을, 동양증권 사태에서도 똑같은 일이 벌어졌다. 63세 된 어르신의 얘기다. 어느 날 금융회사 직원으로부터 전화가 걸려왔다. 그리고 CMA에 넣어둔 돈 5,000만 원으로 동양증권 회사채를 구입하는 게 좋겠다는 권유를 받았다. 어차피 1년 만기라서 원금이 손실될 우려도 없으니 CMA에 묶어둔 돈으로 회사채를 매수하면 이익을 볼 수 있다고 몇 번이나 권유한 것이다. 어르신은 가입을 했고 하루아침에 5,000만 원을 고스란히 날리게 됐다.

이렇게 금융회사 직원들이 투자의 위험에 대한 충분한 고지 없이 투자를 권유해서 민원이나 소송을 제기하는 소비자들이 늘어나고 있다. 이런 얘기를 들으면 한편으로는 '꼭 투자를 해야 하나?' 하는 의구심이 들기도 한다. 하지만 낮은 은행 이자로는 물가 상승률을 따라가지 못하고, 실제 화폐 가치 하락으로 인해 투자가 아닌 저축만으로는 구매력이 떨어질 수밖에 없다. 투자를 하자니 불안하고 안 하자니 멀쩡히 앉아서 손해를 보는 기분인 것이다. 이런 문제를 해결하기 위해서는 투자자 스스로 공부를 해서 금융 상품에 대한 기본적인 지식을 갖는 것이 중요하다. 그래야 내 자산을 안전하게 지키고 운용할 수 있기 때문이다.

저금리 시대에 투자가 필요한 이유 – 물가 상승률과 구매력 하락

물가 상승률을 설명할 때 자주 등장하는 이야기가 있다. 40세 과학자가 냉동인간이 되어 100년 후에 깨어났다. 그리고 은행에 전화를 걸어 냉동인간이 되기 전 은행에 맡겨둔 돈이 얼마가 되는지 물어보았다. 그러자 은행 직원은 "고객님의 통장 잔액은 30억 원입니다"라고 대답했다. 그 말을 듣고 기뻐하던 과학자는 다음 말을 듣고 자리에 주저앉아버렸다. "그런데 고객님이 사용하신 전화비는 2,000만 원입니다."

좀 과장된 내용이긴 하지만 물가 상승률이 얼마나 무서운지를 말해주는 좋은 예다. 실제로 1년 사이에 2,000원 하던 1,000mL 우윳값이 2,500원이 되면 물가는 25% 오르게 되고, 화폐의 구매력은 20% 떨어져서 불과 1년 사이에 2,500원의 가치는 실제 2,000원이 된다. 매년 물가가 조금씩 오르기 때문에 투자가 위험하다고 무조건 저축을 해서는 안 되는 것이다.

표19 물가 상승률과 시간에 따른 1억 원의 구매력

(단위: 만 원)

물가 상승률	1년	3년	5년	10년	20년	30년	40년
3%	9,700	9,150	8,620	7,440	5,530	4,120	3,060
4%	9,600	8,890	8,210	6,750	4,560	3,080	2,080

위의 표는 오늘 1억 원의 돈을 기준으로 하여 물가가 3%씩 계속 오르면 시간에 따라서 얼마만큼 화폐의 가치가 떨어질 수 있는지를 보여주는 표이다. 1987년, 내가 대학에 입학할 당시 1학기 대학 등록금은 60만 원 정도였다. 그런데 25년 후 대학 등록금은 사립대 기준으로 7배 이상이 올라 400만 원이 넘는다.

용도와 기간이 변수

지난달에 2억 원의 여유자금을 가진 50대 부부가 상담을 하기 위해서 찾아왔다. 친구가 가입한 채권형 펀드가 수익이 좋다면서 자신도 같은 상품에 가입하고 싶다고 했다. 나는 먼저 자금의 용도를 물었다. 내 집 마련을 위한 자금인지, 아니면 자녀의 대학자금인지, 노후자금인지를 알아야 정확한 투자 상품을 정할 수 있기 때문이다. 자금을 어떤 용도로 사용할지 모르는 상태에선 함부로 아무 데나 투자를 해서는 안 된다. 상담을 통해서 알아보니 5,000만 원은 두 딸의 결혼자금이었고, 나머지 1억5,000만 원은 부부의 노후자금이었다. 정확한 용도가 있으면 필요한 시간을 계산할 수 있다. 딸들의 결혼 시기를 30세로 봤을 때 큰딸은 2년, 작은딸은 5년 정도의 시간이 남아 있었다. 그렇게 2년과 5년의 시간이 정해지자 그 기간에 알맞은 저축과 투자 상품을 찾아볼 수 있었다. 그리고 노후자금은 65세 기준으로 아직 10년이 남아 있고, 5년 후 퇴직금도 받을 게 있었다.

한 가정의 노후 플랜을 짜기 위해서는 현재의 수입과 지출, 자산, 은퇴 시 살게 될 지역과 집의 크기, 필요한 노후자금 등에 관하여 전체적인 상담을 통해 검토해야 한다. 하지만 자금의 용도와 투자 기간만으로도 어떤 곳에 투자하고 어떠한 상품을 선택해야 하는지 정도는 알 수 있다. 일단 다음과 같이 짜는 것으로 했다.

표20 노후 플랜

투자 목적	투자 금액	투자 기간	상품	기대 수익률
자녀 결혼 비용	5,000만 원	2년	정기예금 신협 예탁금	3%대
노후자금	1억5,000만 원	10년	거치형 연금	4~5%
퇴직금(5년 후)	2억 원	5년	소형 아파트 월세 월 지급식 글로벌 채권	5%

이 사례를 통해 투자자가 알아야 할 중요한 사항은 투자의 용도 (사용처)와 사용에 따른 투자 기간임을 알 수 있다. 그러므로 이 두 가지를 감안해서 적절한 상품을 선택해야 한다.

기간에 따른 투자 유형은 세 가지로 나눌 수 있다. 무위험 자산, 저위험 자산, 위험 자산이다.

표21 투자 유형

	투자 기간	대표 상품	기대 수익률(세후)
무위험 자산	1~3년	은행의 저축 상품 ELD	2~3%
저위험 자산	3~5년	채권 글로벌 채권 ELS 임대 부동산	4~5%
위험 자산	5년 이상	주식형 펀드	7~8%

금융기관에서 상품을 가입할 때 〈표21〉에 있는 내용 정도만 파악하고 있어도 속아서 가입하는 일이나 큰 손해를 막을 수 있다. 2년 후 사용할 자녀 결혼자금을 펀드에 넣었다가 원금의 40%를 손해 본 고객도 이 원칙을 알았다면 손해를 보지 않았을 것이다. 그는 분명히 주식형 펀드가 아닌 정기예금에 2년 동안 넣어뒀다가 자녀 결혼 비용으로 사용했을 것이다.

노후 생활비 마련을 위한 투자 상품 고르기

1. ELS, 원금 손실 위험 있다는 것을 알고 투자한다.

ELS Equity-Linked Securities란 개별 주식의 가격이나 주가지수와 연계해서 수익이 결정되는 유가증권이다. 부부가 퇴직금으로 받은 2억 원을 3년 정도 운용하기 위해서 2010년 8월, 아래와 같은 조건의 ELS에 가입을 했다.

- **기초자산** S전자 / H중공업
- **확정이자** 연 10%, 매월 지급
- **확정이자 지급 조건** 가입 시점 주가 대비 50% 이하로 폭락 안 하는 경우
  (반 토막만 아니면 확정이자 지급)
- **원금 비보장** 가입 시점 주가 대비 50%(반 토막) 이하로 주가지수 내려가면 원금 손실
- 만기 3년, 단 가입 후 6개월마다 주가지수 평가해서 5% 상승 시 원금 환매, 아니면 계속 이어감

이분들은 2억 원 중에서 1억3,000만 원의 손실을 보고, 겨우 7,000만 원만 찾을 수 있었다. 상품이 원금 60% 이상의 손실을 가져온 것은 먼저 투자되는 기초자산이 종합주가지수가 아닌 개별 주식 2개였기 때문이다. 하나는 전기전자회사였고, 또 하나는 선박 건조·수리회사였다. 전자회사는 가입 당시보다 올랐지만 선박회사는 중간 평가 기간 동안 50% 이상 하락한 적이 있었다. 그래서 만기 3년이 지나서도 떨어져 있었던 것이다. 결국 이분들은 약정대로 마지막 만기 시점 기준으로 엄청난 손실을 보게 됐다. 대부분 ELS라고 하면 안전하고 원금 정도는 보장이 된다고 알고 있는데, 사실 알고 보면 아주 복잡한 상품이라서 주의가 필요하고 또 공부를 해야 한다.

도표5 H중공업 주간 차트(2010.5.14.~2013.10.11.)

이 차트를 보면 ELS에 투자할 때 주가는 4만 원이었다. 조기 상환을 하려면 6개월마다 5%가 올라야 하는데 이 조건이 충족이 안 되어 3년 만기가 된 것을 알 수 있다. 결국 3년 동안 주가는 반 토막이 난 적이 있었고, 만기 시에는 2만 원 아래가 되면서 큰 손실을 낸 것이다. 결국 투자자는 큰 손실을 보았지만, 어느 누구에게도 하소연할 수가 없었다. 투자의 손실과 책임은 모두 투자자 자신에게 돌아가기 때문이다.

2. 노후 생활비로 ELS 상품에 투자하려면 지수연계형 ELS로

만약 2010년 8월, 이 고객이 개별 주식이 기초자산이 되는 ELS에 가입하지 않고, 종합주가지수가 기초자산인 지수연계형 ELS를 가입했다면 중간에 수익이 나서 조기 상환을 하며 꾸준한 수익을 냈을 것이다. 2010년 이후에는 주가지수가 50% 이상 하락한 적이 없기 때문이다. 그리고 아무래도 기초자산을 개별 두 종목으로 하기에는 위험이 높으므로 주가지수로 하는 것이 좀 더 안전했을 것이다. 기초자산도 중국이나 일본과 연계되는 것보다는 국내 지수 한 가지만 가져가는 것이 경우의 수도 적고 안전하다. 이는 종합주가지수가 만기가 되기 전까지 50% 이상만 떨어지지 않으면 원금은 보장되며, 6~7%에서 확정이자가 지급되는 구조라서 1억 원을 투자하면 매월 50만 원(세후) 정도는 받을 수 있다. 사실 1억 원을 투자해서 매월 50만 원의 이자를 받을 수 있는 상품은 그리 많지 않다. 결국 투자의 위험을 감당하기 때문에 은행에 저축하면 매월 30만 원의 이자를 받지만, ELS에 투자하면 50만 원을 받을 수 있는 것이다. 저축이자가 너무 낮아 물가 상승률을 따라갈 수 없기 때문에 투자 상품도 포트폴리오 구성이 꼭 필요하다.

3. 월 지급식 글로벌 채권도 생각해보자.

2008년 금융위기로 인해 주식시장이 힘들 때, 강남 투자자들에게 가장 인기가 있었던 펀드는 글로벌 채권 펀드 |하이일드 채권 펀드|였다. 하이일드 채권이란 위험 등급, 즉 투기 등급의 회사채에 투자하는 상품을 말한다. 투기 등급이라고 하면 모르는 사람들은 부도날 위험이 있는 회사채를 매입하는 게 아닌가 하는 우려도 할 수 있다. 하지만 미국 기업의 회사채 중 BB로 평가되는 회사채를 매입하는 것이다. 실제 미국 S&P사|신용등급 평가회사|의 BB 기준은 국내에선 LG전자·현대자동차 같은 A등급 이상의 기업이다.

하이일드 채권형 펀드의 경우, 5년 정도를 보고 꾸준히 투자하며 월 지급식으로 받으면 투자한 원금은 지키면서 평균 6~7%의 수익을 얻을 수 있다. 물론 〈표22〉에서 보듯이 중간에 마이너스 구간도 있고, 2011년처럼 1년 기간 수익률이 2%가 채 안 되는 경우도 있다. 하지만 2010년 16%, 2012년 18% 수익을 냈기 때문에 5년 정도 연평균으로 6~7%의 수익은 날 수 있어서 월 지급식으로 약속된 이자를 받을 수 있

표22 글로벌 채권 펀드

제로인 평가 유형	글로벌 하이일드 채권	운용 회사	얼라이언스 번스틴 운용
성과 평가 등급	3년 –	관련 펀드명	AB글로벌 고수익증권투자(채권형)
	5년 –	투자 지역/환헤지	글로벌/0
과거 경력	2011년 상위 61%	투자 비용률	1년간 연 1.42%(평균 수준)
(수익률 % 순위)	2012년 상위 8%		3년간 연 0.92%(평균 수준)
펀드 출범일	2009. 6. 30.	판매 수수료	투자 금액 0.75%(선취)
패밀리 운용 규모	11,638억 원	신탁 보수율	0.665%(판매 보수 0.5% 포함)
클래스 순자산액	6,374억 원	환매 수수료	30일 이내 이익금 기준 10%

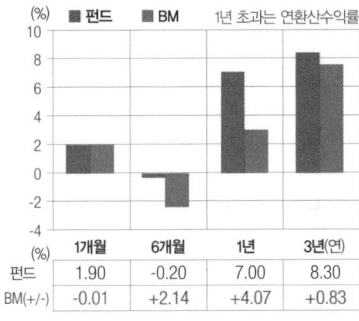

(%)	1개월	6개월	1년	3년(연)
펀드	1.90	-0.20	7.00	8.30
BM(+/-)	-0.01	+2.14	+4.07	+0.83

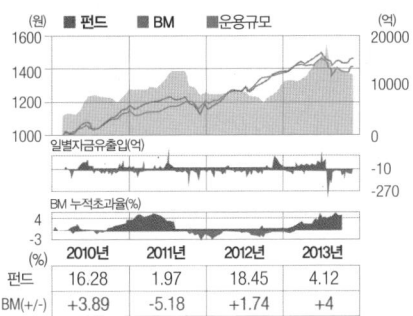

(%)	2010년	2011년	2012년	2013년
펀드	16.28	1.97	18.45	4.12
BM(+/-)	+3.89	-5.18	+1.74	+4

(하이일드 채권의 BM이란 하이일드 채권 펀드의 평균 수익률을 뜻한다.)

다. 은퇴를 얼마 남겨두지 않은 50~60대는 가능하면 원금이 보장되는 상품을 선택해야 한다. 사람마다 처해진 상황이 다르므로 본인의 상황을 고려한 투자 포트폴리오가 꼭 필요하다. 그리고 그 안에서 일정 금액은 현재 물가 상승률 이상으로 받을 수 있는 하이일드 채권형 펀드나 지수형 ELS에 투자하는 것이 좋다. 월 이자 지급식 상품으로 나오기 때문에 원금은 묶어두고 매월 이자를 지급받아 노후 생활비로 사용하기에는 매우 적절하다.

5부

돈 걱정 없는
노후를 위한 세대별 전략

I. 20대를 위한 노후 대비 전략

지출 통제! 장기상품 NO, 단기상품 OK

샐러리맨들에게 정년퇴직이란 필연적인 과정이다. 그럼에도 불구하고 직장생활을 왕성하게 하는 20~30대에는 너나없이 퇴직에 대한 준비를 별로 하지 않는다. 당장 눈앞에 놓인 바쁜 과제들 때문에 나와는 상관없는 일처럼 여기기 때문이다. 그러다가 정년퇴직이 닥치면 그제야 좀 더 일찍부터 준비해둘걸 하며 후회하게 된다.

20~30대의 특징은 처음 사회생활을 시작하다 보니 소비지출이 많다는 점이다. 그러므로 이 시기를 잘 보내기 위한 전략은 자기 계발

에 투자하기, 결혼자금 모으기, 투자에 대한 경험 쌓기, 필요 없는 금융 상품 가입하지 않기, 소비지출 통제하기 등이다.

1. 급여 관리하고 소비지출 통제하기

돈 걱정 없는 노후를 위한 세대별 준비에서 제일 중요한 시기는 사실 50대보다는 사회에 첫발을 내딛는 신입사원 시기이다. 이들은 설레는 마음으로 급여를 받지만 대부분 대학 시절부터 부모가 주는 용돈으로 소비를 해왔던 습관 때문에 급여 관리와 지출 통제가 잘 안 된다. 특히 스타일을 중요시하는 사회적 분위기 때문에 주위 동료들이 소비문화에 빠져 있으면 함께 동조되어 필요 이상의 지출을 하게 된다. 그러므로 사회 초년기에는 가능하면 수입의 50~60%는 저축한다는 각오로 살아야 한다.

2. 본인에게 맞는 퇴직연금 잘 선택하기

퇴직연금은 DB형|Defined Benefit·확정급여형|과 DC형|Defined Contribution·확정기여형|으로 나뉜다. DB형은 기존의 퇴직금 제도와 유사한 것으로 사외 금융기관에서 운용을 하지만, 회사가 운용 이익과 손실을 담당하고 직원에게는 확정된 금액을 연금으로 지불하는 제도다. DC형은 연금 운용 이익과 손실이 개인의 몫이 된다. DC형을 선택할 경우 투자에 대한 지식이 필요하므로 펀드를 선택할 때 재테크에 능한 직

장 선배나 전문가의 도움을 받는 것이 좋다. 급여 상승률이 높은 회사에 신입사원으로 입사했다면 처음에는 DB형으로 출발해도 좋다. 그런 다음 펀드 투자 공부를 하면서 DC형으로 옮겨가면 된다.

3. 필요 없는 금융 상품 조심해서 가입하기

사회 초년기 때부터 돈 걱정 없는 노후를 준비하기 위해서 당장 연금 상품이 필요한 것은 아니다. 그것보다는 필요 없는 금융 상품을 피하고 사회 초년기에 꼭 필요한 금융 상품을 잘 선택하는 것이 중요하다. 일반적으로 보험회사나 은행에서는 신입사원들에게 소득공제가 되는 연금저축 상품부터 가입해야 한다고 강조한다. 소득공제로 엄청난 돈을 되돌려 받기 때문이라는 것이 이유다. 또한 재형저축 같은 비과세 상품에 가입하라고 부추기는데, 문제는 이 상품들은 장기 상품이라는 것이다. 장기 상품은 결혼이나 다른 중요한 일로 자금이 꼭 필요할 때 사용하지 못한다.

신혼부부가 찾아왔다. 남편 수입이 230만 원이고, 아내 수입이 200만 원이었는데 결혼을 하면서 아내의 회사가 어려워져 외벌이가 되었다. 양쪽 모두 연금저축 33만 원씩 총 66만 원이 가입되어 있었다. 또한 재형저축도 부부가 합해서 60만 원을 가입하고 있었다. 구연금저축은 10년 이상 납부해야 하고 재형저축도 7년 의무 가입 기간이 있다. 결국 230만 원을 벌어서 부부 소득공제저축과 재형저축에 126만 원을 매달 넣어야 한다는 결론이 나온다. 이렇게 되면 해약을 하거나 중지해야 하는데 그러면 손해가 많다. 필요 없는 보험 때문에 단기자금을 확보하기 어려운 젊은이들이 많은 것도 결국 알고 보면 보험에 대한 정확한 지식이 없기 때문이다. 사회 초년기의 보험은 실비보험이면 족하다. 손해보험사에서 암과 성인병 특약을 넣고 의료실비를 포함시키면 남자 8만 원 미만, 여자 7만 원 미만으로 충분한 보장을 받을 수 있다.

정리해보면 사회 초년생이 조심해야 할 금융 상품은 연금저축보험, 종신보험, 재형저축 등이다. 연금저축보험은 소득공제 효과는 분명 있지만 우선 장기로 30년 이상 돈이 묶이기 때문에 전세자금 및 단기자금이 필요한 경우 적합하지 않다. 나중에 결혼하고 부부가 재정적인 플랜이 만들어지면 연금저축보다는 투자가 되는 연금펀드를 추천한다. 사회 초년생은 저축의 80%는 정기적금으로 결혼자금을 만들고, 좋은 펀드 5만 원짜리에 2개 정도 가입해서 5~10년 동안 투자 경험을 하는 것을 권장한다.

4. 포트폴리오 구성과 추천 금융 상품

수입이 200만 원이라고 가정하면 100만 원은 지출하고 100만 원은 저축해야 한다. 활동 경비 및 용돈으로 80만 원, 의류, 구두, 경조사 등 비정기 지출을 1년에 240만 원 정도로 추산해서 월 예산으로 20만 원, 총지출 100만 원. 남은 100만 원에 대한 포트폴리오 구성은 80만 원 정기적금, 10만 원 청약저축, 5만 원 펀드 2개다.

개인연금은 빨리 시작할수록 좋은데, 여자는 10만~20만 원이 적당하다. 나는 신혼부부 재무 상담을 할 때 노후자금은 가능하면 여성 이름으로 가입시킨다. 남성보다 여성의 평균수명이 7~8년 길기 때문에 연금은 여성 이름으로 가입하는 것이 유리하다. 남성의 경우에는 요즘 전세자금이 워낙 비싸기 때문에 우선 단기로 돈을 모으는 것을 추천한다. 또한 결혼 후 남자는 보통 60세까지 어떤 일이든 해야 하므로 기본적으로 국민연금, 퇴직연금을 갖게 된다. 그러므로 개인연금은 여성의 이름으로 하는 것이 좋다.

2. 30대를 위한 노후 대비 전략

아끼면 60세에 3억 만든다

30대 신혼기의 특징은 자녀 출산과 함께 맞벌이에서 외벌이로 바뀌게 되면서 재정적 어려움이 찾아오는 것이다. 또한 전세 가격 상승으로 인해 대출이자를 감당해야 하므로 주거 비용에 대한 부담이 커진다. 그러므로 이에 대한 재무 계획을 세워둘 필요가 있다. 자녀 교육 문제는 아직 자녀가 어리기 때문에 피부로 와 닿지는 않지만 교육에 대한 확실한 가치관과 철학을 정립해둘 필요가 있다.

1. 재무 시스템을 만들어서 재무 계획을 잘 세워라.

신혼기에도 여전히 단기자금에 집중해야 한다. 아내 이름으로 개인연금에 가입하고, 보다 적극적인 투자를 시작해야 한다.|30대 중후반|.

2. 금융 상품 가입보다 더 중요한 것이 있다.

돈 걱정 없는 노후를 만들기 위해선 사실 30대가 제일 중요한 시기이다. 결혼을 하면서 부부의 지출 규모가 커지기 때문에 자신들에게 맞는 전셋집, 자동차를 어떻게 결정하고 선택하느냐에 따라서 40~50대에 모이는 자산의 규모가 달라지기 때문이다.

2004년에 같은 회사에 다니면서 같은 연봉을 받는 두 쌍의 부부가 상담을 받으러 왔었다. 한 부부는 방 두 칸짜리 작은 빌라에서 빚 없이 시작했고 자동차 구입도 계속 미루다가 둘째를 갖고 나서야 준중형차 중고를 800만 원에 구입했다. 또 다른 부부는 1억 원 이상을 대출받아서 32평 아파트에서 신혼집을 꾸몄다. 결혼 당시에 이미 남자 쪽에서 할부로 구입한 중형차가 있었는데, 결혼한 지 4년 뒤에 다시 대형차 수준의 차를 구입했다. 비슷한 연봉, 비슷한 자산에서 출발한 이 두 부부의 자산은 9년이 흐른 지금 1억 원이나 차이가 난다. 이들 부부는 이제 딱 40세가 되었는데, 이 1억 원은 향후 20년 뒤 노후자금으로 쓰인다고 가정하면 투자 수익률을 6%로만 잡아도 3억2,000만 원이 넘는다. 노후에 3억 원의 현금을 갖고 아파트 하나를 보유하면 노후 준비에 대해서는 어느 정도 안심할 수 있다. 아파트 주택연금과 그 외에 국민연금을 기본으로 받고, 3억 원을 이용하여 각종 연금 상품에 가입하면 충분히 노후를 따뜻하게 보낼 수 있기 때문이다. 결국 30대에 중요한 것은 금융 상품 몇 개 가입하는 것보다 아끼고 또 아끼는 것이다.

3. 출산 후 휴직기부터 아내의 평생 직업을 함께 공부하고 찾아라.

보통 여성들은 첫 출산을 하면 1년 후 복직을 한다. 하지만 둘째를 출산하면 상황이 달라진다. 두 명의 아이를 맡길 곳도 없거니와 일과 자녀 양육을 병행하는 것이 힘들어서 대부분 퇴직을 선택한다. 이때 여성들은 일에 대한 비전도 포기한 채 자녀 양육에만 힘쓰게 된다. 경력 단절이 생기게 되는 것이다. 그런데 자녀들이 5세 이상이 되어 유치원에 들어가거나 초등학교에 들어가면 교육비가 점점 증가하면서 생활비에 압박이 심해진다.

거기다 이때쯤 내 집 마련에 대한 계획을 세우게 되면서 여성들이 다시 일자리를 찾는 경우가 많다. 하지만 이때는 이미 지난 5년 이상의 경력 단절로 인해 사회로 다시 나간다고 해도 대부분 비정규직이나 본인이 원하지 않는 일을 하게 된다. 그러므로 다시 취업을 해도 오랫동안 직장생활을 하기 어렵다. 따라서 아내가 출산으로 아이를 양육

하는 기간 동안 남편은 아내가 5년 후에 좋아하면서 잘할 수 있는 일을 찾도록 도와야 한다. 그 일을 하며 처음부터 많은 급여를 받을 필요는 없다. 적은 금액이라도 좋아하는 일을 하면서 경력을 이어갈 수 있으면 40대가 되면서 영역도 넓어지고 더 많은 수입도 가능해지기 때문이다.

30대 내담자들에게 내가 특별히 강조하는 내용이 바로 아내의 잠재적 가능성에 투자를 하라는 것이다. 김정식(36세·가명) 씨 부부가 이를 실행에 잘 옮긴 가정이다. 대기업에 다니는 남편의 연봉은 4,500만 원. 그런데 정식 씨는 MBA를 할 계획을 갖고 있었다. 아내는 유아교육학과를 나와서 유치원 교사를 하다가 결혼을 하며 집에서 과외를 했는데, 출산 이후 육아에 전념하고 있는 상태였다. 아내는 대학원에서 상담심리를 공부하고 싶어 했다. 하지만 여건상 부부가 둘 다 공부할 수 있는 형편은 아니었다.

나는 정식 씨에게 본인의 MBA를 포기하고, 대신 아내의 대학원 진학을 지원해주라고 조언했다. 대학원 등록금은 2년 동안 3,000만 원 정도가 드는데, 다행히 친정엄마가 대신 육아를 해줄 수 있는 상황이었다. 즉, 공부하는 동안 2,000만 원 정도의 보육비를 지출하면 총 5,000만 원의 투자금이 예상됐다. 아내가 대학원을 졸업하고 육아가 어느 정도 안정기에 접어든 10년 후부터 100만 원 정도를 벌 수 있다고 가정하면 가계에 큰 도움이 될 수 있다. 특히 남편이 정년퇴직을 한 뒤 아내가 전문적인 일을 갖고 있는 것은 큰 자산이다. 그러므로 남편에게 재투자하는 것보다 아내에게 투자해서 미래에 수입이 생길 수 있는 창구를 확보해두는 것이 현명한 선택이다.

4. 자녀가 초등학교 고학년까지 자녀 교육에 대한 철학을 세워라.

돈 걱정 없는 노후를 준비하는 데 가장 큰 장애물은 자녀들이다. 재무 상담을 하다 보면 본인의 소득을 뛰어넘는 자녀 교육비 투자로 노후자금을 제대로 준비하지 못하는 부부를 많이 보게 된다. 스펙을 쌓는 것이 아이의 행복이라고 생각하는 주위의 분위기 때문에 자녀 교육비로 엄청난 돈을 지불하는 것이다. 이 책의 곳곳에서 자녀 교육비로 인해 준비 안 된 쓸쓸한 노후를 맞이하는 사람들의 이야기가 나온다. 무엇보다 돈만 준비 안 된 것이 아니라 자녀로부터 외면당하고 버림받는 부모들이 많다. 그래서 30대는 출산 때부터 자녀를 위한 비용도 예산을 잡아놓아야만 한다. 그래야 나중에 유치원을 보내고 초등학교에 보내면서 학원비도 본인의 수입 안에서 통제할 수 있다. 지나칠 정도로 과다하게 투자된 자녀 교육비는 모두 우리 노후자금이라는 것을 꼭 명심하자.

5. 30대 후반까지는 많은 현금을 확보하라.

사회 초년기 때 5만 원으로 펀드를 공부하면서 유지했다면 이 시기쯤 되면 어느 정도 투자에 대한 마인드와 경험이 생겼을 것이다. 30대 중반으로 넘어가면 여성의 출산이 마무리가 되고 휴직기 동안 잘 준비해서 다시 맞벌이를 할 수 있게 된다. 이때부터 자녀가 고등학교에 진학하기 전까지가 본격적으로 자산을 증식시킬 수 있는 시기다. 이때 최대한 저축액을 높이고 기회비용을 살려서 적극적인 투자에 나서야 한다. 30대 중·후반에 본격적인 투자를 하기 위해 사회 초년기부터 적은 돈이라도 좋은 펀드를 골라서 5~10년 동안 성공한 투자의 경험을 쌓아가야 하는 것이다. 펀드와 채권 등 적극적인 투자를 통해 현금을 확보하게 되면 자녀들이 중학생이 되는 시기 전후로 내 집 마련의 기회를 잡을 수도 있다. 사업을 하고자 하는 사람들은 이 시기에 사업자금을 마련할 수도 있다.

6. 30대의 포트폴리오 구성과 추천 금융 상품

남편 수입이 350만 원, 아내가 200만 원인 가정의 사례를 들어서 설명해보겠다. 만약 이 가정이 자녀 출산 전이라면 출산 후 외벌이 소득이 될 것에 대비해서 맞벌이 때 무조건 소득의 50% 이상은 저축해야 한다. 그리고 외벌이가 되면 다시 아내가 일을 나갈 때까지 남편 소득으로 빚지지 않고 사는 게 목표다. 맞벌이 소득 550만 원을 기준으로

270만 원은 지출하고 280만 원은 저축한다고 가정하면 다음과 같이 배분할 수 있다. 100만 원은 2년 뒤 전세금 준비를 위한 적금에 넣고, 100만 원은 기존 전세자금 대출 상환금으로 쓴다. 30만 원은 아내 이름으로 연금에 가입하고 청약저축 10만 원, 중기 이벤트 자금으로 적립식 펀드 40만 원을 들어둔다. 외벌이 전까지는 이런 식으로 단기자금을 정기적금 위주로 돈을 모아둬야 외벌이가 됐을 때 빚 없이 살 수 있다.

30대 중·후반이 되어 다시 아내가 직업을 구해 맞벌이 소득이 500만 원이라면 동일하게 자녀 교육비로 인해 지출이 증가하게 된다. 그러므로 300만 원을 지출하고 200만 원을 저축해야 한다. 이때는 100만 원은 내 집 마련 목적으로 적립식 펀드에 넣고, 기존 노후자금 30만 원에 정기 추가(매월 정기적으로 돈을 추가하는 것으로, 돈이 없으면 언제든 중지 가능하다) 20만 원(혹은 30만 원)으로 노후연금을 추가한다. 그 외에 30만 원 단기적금(이벤트 자금), 자녀 학자금 펀드 10만 원을 시작한다.

추천 금융 상품으로는 아내 노후를 위한 연금으로 변액유니버셜을 20만~30만 원으로 시작한다. 적극적 투자 적립식 펀드로는 신영밸류 고배당, 삼성중소형포커서, 한국투자 네비게이터 등이 있다. 그 외에 목돈 투자 목적으로는 글로벌 회사채, ELS 등이 있다.

3   40대를 위한 노후 대비 전략

소득 수준에 맞는 교육비 지출이 관건

40대는 자녀 교육에 얼마를 지출하는가에 따라 노후자금 마련에 큰 변수가 생긴다. 부모의 연령이 40대이면 자녀는 보통 중·고등학생일 경우가 많다. 이때는 사교육비가 많이 지출되는 시기이므로 부모의 자녀 교육에 대한 가치관이 확고하게 정립되어 있어야 한다. 남들이 하니까 나도 하는 식으로 유학을 보내거나 높은 사교육비를 지출하다 보면 결국 노후자금이 바닥날 수 있기 때문이다. 그러므로 자녀 교육비를 줄이는 것이 곧 노후에 사는 길이라고 해도 과언이 아니다.

특히 40대는 고령화 사회가 더욱 심화될 것을 대비해서 노후 준비를 더욱 단단히 해야 하는 세대다. 그러므로 자녀가 어렸을 때부터 자녀의 독립 시기를 명확히 정해주고, 독립에 대해서 확고한 의지를 갖도록 가르쳐야 한다. 또한 결혼에 대한 지침도 확실하게 설명해서 부모에게 기대려는 마음을 갖지 않도록 해야 한다. 또한 40대부터는 건강 관리에 중점을 두어 실천에 옮겨야 한다. 50대면 이미 늦은 감이 있기 때문이다. 노후에는 의료비 지출이 많아질 수 있기 때문에 미리 건강한 몸을 유지하면 앞으로 감당해야 하는 리스크를 그만큼 줄일 수 있다. 그러므로 매일 꾸준한 운동을 통해서 건강을 지키는 것이 노후자금을 만드는 것만큼이나 중요한 일이다.

미국에서는 재무 상담을 할 때 운동 프로그램과 연결해서 처방을 해주는 경우가 많다. 아무리 든든한 노후 대책을 세워놓았다고 해도 건강에 문제가 생기면 모든 것이 물거품이 된다. 노후에 부모 중의 한 사람이 아파서 온 가족이 불행해진 경우를 나는 여러 번 보았다. 부모가 병원에 입원해 있으면 자녀는 일이 끝난 다음 병간호를 위해 병원을 오가야 하므로 정신적으로 육체적으로 지칠 대로 지치게 된다. 거기에다 병원비의 부담까지 지워지면 자녀의 삶엔 한순간에 먹구름이 낀다. 더 나아가 부모의 병이 장기화되어 요양원에 장기 입원이라도 하게 되면 매달 병원비를 지불해야 하는 자녀의 가정은 휘청거릴 수밖에 없다.

나는 주변에서 부모를 요양원에 보내는 문제로 자식들 간에 옥신각신하며 불화를 겪는 모습을 여러 번 목격했다. 치매에 걸린 부모를 제대로 병간호하지 않는다며 아들이 아내에게 불평을 터뜨리면서 부부 간에 갈등하다가 결국 헤어지는 경우를 본 적도 있다. 결국 부모의 건강 문제가 자녀를 이혼으로까지 몰아넣은 것이다. 그러므로 부모가 건강을 지키는 것은 자녀에게 주는 가장 큰 축복이며 선물이다. 교육비 때문에 돈을 벌면서도 적자 인생을 살았던 40대 부부의 성공적인 적자 탈출기와 노후 준비 사례를 소개한다.

교육비 많고 쓰는 돈 많은 고소득자 가정의 노후자금 마련

2013년 봄, '팀장님, 너무 급해요. 이러다 죽을 것 같아요. 상담 좀 해주세요'라는 다급한 문자가 왔다. 심각한 상황인 것 같아서 전화를 걸었더니 "돈이 너무 없다. 매월 적자가 나서 못 살겠다"고 하소연을 했다. 나는 소득이 아주 적거나 개인 사업을 하다가 적자가 난 모양이라고 추정했다. 하지만 막상 재무 기초 자료를 보고 그야말로 '허걱!' 하고 말았다.

부부가 매월 900만 원을 버는데 놀랍게도 가계수지가 적자였다. 사실 지출을 많이 하는 가정은 처음에 재무 기초 자료의 지출 칸에 평소보다 좀 더 줄여서 기재하는 경우가 많다. 평소에 돈을 펑펑 썼던 점에 대해 반성이 되어서인지 일반적으로 기존의 지출보다 10% 정도는 줄여서 쓰는 것이 보통인 점을 감안하면 이 가정도 실제는 매월 적자 폭이 더 클 수 있다는 얘기였다.

남편은 40세, 아내는 38세로 둘 다 변호사 사무실에서 법무사와 사무장으로 일하고 있었다. 자녀는 둘인데, 큰아들이 초등학교 2학년이고 작은아들은 유치원에 다니고 있었다. 일반적으로 나는 상담을 하

표1 변호사 사무실 부부 가계수지 분석

2013년 4월 기준 (단위: 원)

현금 유입		현금 유출	
남편	4,333,333	주거생활비	450,000
아내	5,000,000	식비 및 외식비	1,200,000
		교통비	420,000
		통신비	186,000
		의료비	30,000
		문화생활비	100,000
		가족 용돈	2,300,000
		공공보험 지역	
		비정기 지출	525,000
		교제비 및 기부헌금	
		기타	
		자녀 교육비	2,600,000
		보장성 보험료	800,000
		금융 비용	900,000
		저축	
현금 유입 계	9,333,333	현금 유출 계	9,511,000
		잉여자금	−177,667

기 전에 미리 상담자의 지출 자료 내역을 가지고 많은 고민을 한 후 상담자를 만난다. 이 가정의 현금 유출을 살펴보니 가족 용돈이 230만 원인데 남편 용돈이 150만 원, 아내가 50만 원을 쓰고 양가 부모님께 30만 원을 드리고 있었다. 남편 용돈 150만 원 중에는 통신비와 교통비도 제외되어 있었다. 대체 남편은 어디에 이 돈을 다 쓰는 것일까? 물론 남자들이 직장생활을 하면서 돈을 쓰자고 하면 대책이 없긴 하지만, 이렇게 공식적으로 150만 원의 용돈을 책정한 경우는 흔치 않은 일이었다.

또한 아이들이 각각 유치원, 초등학교 2학년인데 260만 원을 자녀 교육비로 쓰고 있었다. 다소 많은 금액이었다. 친정엄마가 방과 후 아이들을 돌봐주신다고 해서 60만 원이 나가긴 하지만, 매월 200만 원이 유치원과 초등학생에게 들어가는 것이 조금 의아했다. 특히 이 부부가 사는 동네는 강남도 아니고 강북이라 평균 교육비 지출보다 훨씬 웃도는 금액이었다. 식비·외식비도 조금 과다하고 보험료도 많았으며, 금융 비용도 이자만 100만 원 가까이 내고 있었다.

드디어 1차 상담을 시작하는 날, 부부와 몇 마디 대화를 나누고 나서 내 궁금증은 한순간에 해결됐다. 남편의 성격이 문제였다. 지나칠 정도로 낙관적인 데다 사람을 좋아해서 여기저기 원하는 대로 퍼주는 스타일이었다. 아내도 그런 남편의 성격이 좋아서 결혼했던 터라 그

동안 아무 말도 하지 못한 채 그저 지켜보고만 있었다고 답답한 심정을 토로했다. 그러다 보니 남편은 회식 자리에서 늘 인기가 많았고 사람들과 어울려 취미생활도 다양하게 하고 있었다.

부부는 2010년, 강북에 6억 원을 주고 40평대 아파트를 매입했는데, 아파트 담보대출 2억 원과 신용대출 3,000만 원이 아직 남아 있었다. 자녀에 대한 교육열도 지나칠 정도로 높았다. 지금 영어유치원에 다니고 있는 작은아이가 이제 곧 초등학교에 진학해야 하는데, 강북에서 제일 좋은 사립초등학교에 보낼 계획이라고 했다. 원래 사립초등학교는 추첨을 통해서 모집하지만, 그 학교는 영어로 면접을 보고 합격해야만 진학할 수 있다고 했다. 초등학교 1학년인데 영어로 면접을 보고 영어 수업을 하는 학교가 있다니 놀라웠다. 상담을 하면서 아내는 학창시절 영어를 못해서 상처 받은 기억이 있고, 그 보상 심리로 자녀를 영어유치원에 보내고 영어로 수업하는 사립초등학교에 보내려고 한다고 말했다. 영어유치원 비용이 월 100만 원이 넘었고 내년에 사립초등학교에 들어가면 1학기 등록금이 600만 원이 넘는다고 했다.

결국 이런 상태로 가면 교육비도 남편 용돈도 줄일 수 없을 뿐만 아니라, 대출 상환은 아예 기대하기도 힘들었다. 아내는 무척 지쳐 보였는데, 그저 아무 의미 없이 직장생활을 하고 있는 자신의 모습이 가끔은 서글프고 불쌍하게 느껴져서 모든 것을 내려놓고 싶을 때가 있다고 털어놓았다.

상담자 부부와 2차 상담을 하면서 내가 계속 초점을 맞춘 것은 그들의 삶의 방식이었다. 결혼을 해서 10년을 함께 살면서 아직까지 부부가 한 번도 가정의 비전과 미래에 대해서 진지하게 고민하며 대화해본 적이 없다고 했다. 결혼할 당시 시댁에서 32평 아파트를 마련해준데다 맞벌이였기 때문에 두 사람은 계속 원하는 만큼 실컷 돈을 쓰며 살았다고 했다. 쇼핑도 하고 해외여행도 다니면서 아무런 고민 없이 살다가 32평 아파트보다 40평대 아파트가 좋아 보여서 무턱대고 2억 원 이상 대출을 받아서 집을 늘렸다.

그러던 중 지인의 집에 놀러 갔다가 우연히 「돈 걱정 없는 우리집」이라는 책을 보고 나서 스스로 자신의 모습을 돌아보게 됐다고 한다. 그동안 왜 이렇게 살았나 싶은 후회가 밀려와서 지금이라도 새로운 삶의 방식으로 살아보고 싶어 결국 상담 신청을 하게 된 것이다.

우리는 3차 상담 때가 돼서야 비로소 가정의 미션을 정할 수 있었다. 처음에는 지출을 줄이고 투자 금액을 늘려서 대출을 빨리 상환한 다음 노후자금을 준비하려고 했지만, 이 가정에는 그보다 먼저 선결돼야 할 문제가 있었다. 바로 인생의 목표와 가정의 비전을 세우는 일이었다. 이 두 가지가 정해지지 않은 상태에서 아무리 재무 설계를 잘한다 해도 모래 위에 성을 쌓는 것처럼 무의미한 일이었다.

우리는 우선 가정의 미션을 세우기 위해 많은 대화를 나눴다. 그 결과 1차와 2차로 나눠서 가정의 미션을 세울 수 있었다. 1차 미션 시기는 부부 나이 40~50세로 잡았다. 이 기간은 작은아이가 유치원생에서 고1이 되고, 큰아이는 초등학교 2학년에서 대학교 1학년이 되는 시기였다. 이 시기에는 '아름다운 가정 만들기'를 목표로 정한 후, 가정의 새로운 가치관을 정하는 시기로 잡았다. 남편의 과제는 일에 대한 비전, 자녀와의 관계 정립, 돈의 가치에 대한 기준 정립, 자녀 교육에 대한 철학 정립 등이었다.

2차 미션 시기는 부부 나이 50~64세로 잡았다. 이 시기의 목표는 대출 상환 완료하기|혹은 평생 살 집 고르기|, 자녀 독립시키기, 부부 은퇴를 위한 준비|하고 싶은 것, 살고 싶은 곳, 가고 싶은 곳 등| 시간 갖기였다. 3차 미션 시기는 65세부터 마지막 순간까지였다|준비된 은퇴 누리기|. 이때는 여행 가기, 사회에 봉사하며 살기, 부부가 취미생활 누리기, 개인이 원하는 것 한 가지 정도 전문 자격증 따기 등으로 목표를 잡았다.

부부와 함께 4차 상담까지 마치는 데 2개월이 걸렸다. 그리고 그

2개월 동안 부부는 가정의 미래와 비전에 대해 서로 깊이 생각하며 많은 대화를 나누게 되었다. 미션은 그들 스스로 만들어가야 하기 때문이다. 그렇게 인생의 목표가 정리되고 가정의 미션을 정하게 되자, 자연스럽게 그동안 통제되지 않았던 지출들이 통제되기 시작했다. 부부가 돈에 대한 가치를 발견하기 시작한 것이다.

먼저 변화가 온 것은 남편의 용돈이었다. 150만 원을 쓰던 남편 용돈이 2개월 후엔 체크카드로 매달 40만 원으로 줄었다. 그것도 아내가 요구해서 바뀐 것이 아니라 본인 스스로 꼭 필요한 돈 40만 원만 넣어달라고 요청한 것이다. 실로 놀라운 변화였다.

그다음 변화는 자녀 교육비였다. 우선 작은아이의 영어유치원을 그만두었다. 그러자 누구보다 아이가 뛸 듯이 기뻐했다. 그동안 엄마의 강요로 영어유치원에 다니면서 제대로 친구들과 뛰어놀지도 못했기 때문에 불만이 컸던 것이다. 큰아들도 학원을 줄였고, 최종 선택한 미술학원과 태권도학원만 계속 다니기로 했다. 그리고 가족이 함께하는 시간을 갖기 위해서 부부는 의정부 쪽에 주말농장을 계약했다. 매주 주말이면 온 가족이 주말농장에 가서 채소를 함께 키우며 자연 속에서 노는 시간을 가졌다. 돈의 혜택이 아닌 자연의 혜택을 누리면서 부부는 건강하고 아름다운 가정을 가꾸기 시작한 것이다. 그리고 40평대 아파트는 아직 아파트를 매도할 시기가 아닌 데다 향후 혼자 계신 장모님을 모셔야 할지도 몰라서 좀 더 두고 보기로 했다. 단, 2억 원이 넘는 대출금은 최대한 빨리 상환하도록 했다.

변화된 가계수지표를 보면 매월 적자에서 허덕이던 부부가 370만 원 가까이 저축할 여력을 만들어냈음을 알 수 있다. 중간에 남편은 출장비 20만 원도 급여 외에 받는다며 기꺼이 내어놓았다. 그렇게 해서

표2 변호사 사무실 부부 가계수지 분석

2013년 8월 기준 (단위: 원)

현금 유입		현금 유출	
남편	4,333,333	주거생활비	350,000
아내	5,000,000	식비 및 외식비	600,000
		교통비	320,000
		통신비	186,000
		의료비	30,000
		문화생활비	100,000
		가족 용돈	1,000,000
		공공보험 지역	
		비정기 지출	525,000
		교제비 및 기부헌금	
		기타	
		자녀 교육비	1,200,000
		보장성 보험료	400,000
		금융 비용	900,000
		저축	
현금 유입 계	9,333,333	현금 유출 계	5,611,000
		잉여자금	3,722,333

매월 400만 원 정도를 남겨서 포트폴리오를 구성할 수 있었다.

이제 남은 문제는 대출금 2억3,000만 원을 어떻게 갚느냐 하는 것이었다. 부부는 대출금 앞에서 '언제 이 돈을 다 갚겠느냐'며 한숨을 내쉬었다. 대출금이 부부에게 태산처럼 높게 느껴져서 자신감이 안 생긴다는 것이다. 나는 노력하면 얼마든지 갚을 수 있다고 용기를 주며 격려했다.

우선 400만 원의 남는 돈 중에서 200만 원을 대출금부터 갚아 나가면 2년이면 5,000만 원이 갚아진다. 그리고 5,000만 원 대출을 상환하고 나면 이자가 15만 원 이상 줄어든다. 처음 2년은 대출금 5,000만 원을 상환하고, 다음 4년은 대출금 1억 원을 상환하는 것이다. 이렇게 대출금을 5,000만 원씩 갚아나갈 때마다 상환 금액의 5%는 가족의 여행을 위해 투자하기로 했다. 그다음은 투자를 통해 4년 후에 1억 원을 상환할 수 있었다. 그때 다시 500만 원을 들여 여행을 가고, 마지막 1억 원을 완전히 상환할 때는 온 가족이 1,500만 원 정도를 여행비로 투자해서 유럽여행을 가기로 계획을 세웠다. 이렇게 계획을 세우면 대출금을 갚는 고통이 가족여행의 행복한 기대감으로 바뀌어서 그 시간들을 잘 인내할 수 있게 된다. 이렇게 잉여자금 400만 원 중에서 200만 원은 대출금을 갚는 데 쓰기로 하고, 나머지 200만 원은 세 가지 용도로 나누었다. 100만 원은 노후자금으로 저축하고, 50만 원은 학자금, 나머지 50만 원은 향후 집안의 각종 대소사 자금으로 1년씩 모아가기로 했다.

4차 상담을 마치고 포트폴리오를 진행한 후 일주일이 지나서 상담자 부부로부터 이메일이 왔다. "팀장님을 통해 우리 가정이 빛을 보게 됐습니다. 감사합니다. 돈만 많이 벌면 모든 것이 해결될 것이라고 믿고 지난 10년 동안 생각 없이 쓰기만 했는데 더 중요한 것이 있다는 것을 알게 됐습니다. 가정의 비전을 세우고 부부가 같은 방향을 함께 바라보는 것이 가장 중요하다고 말씀해주신 팀장님, 감사합니다!"라는 내용이었다.

내가 가장 흐뭇하고 행복한 순간은 이렇게 부부가 새로운 눈으로 세상을 보기 시작하고 돈의 가치를 깨닫기 시작할 때다. 이런 것을 보고 자란 자녀들은 큰 혜택을 누리게 된다. 부모의 살아가는 모습 속에서 많은 것을 배운 아이들은 자라서 돈의 가치와 가정의 비전을 세우며 살아가게 될 것이기 때문이다.

30대 후반부터 40대 초반까지 안정된 노후를 위한 발판 만들기

1. 본인들의 소득에 맞는 교육비를 지출하라.

2. 자녀 교육에 대한 철학을 세워놓으라.

3. 자녀가 중학교에 들어가기 전까지 내 집 마련의 기회를 기다리라.

4. 가능하면 작은 평수에 만족하고 나머지는 현금으로 보유해놓으라.

4 50대를 위한 노후 대비 전략

생활비 줄이고 65세까지 일한다

50대는 대부분의 가장들이 직장에서 정년퇴직을 하는 시기다. 이때 부부가 재무 대화를 통해 현실을 있는 그대로 받아들여야 한다. 특히 부인들은 은퇴 후에는 이전의 삶을 유지하기 어렵다는 것을 받아들이고, 남편은 눈높이를 낮춰서 재취업하는 것에 최선의 노력을 다해야 노후를 지킬 수 있다. 어떻게든 연금이 나오는 65세까지 가진 돈을 축내지 않고 생활비를 벌어야 하기 때문이다.

성공적으로 노후를 준비한 50대 부부

고객 중에 노후 준비를 매우 잘한 60대 부부가 있어서 소개하고 싶다. 그분과 처음 만났을 때는 56세였는데, 투자를 잘못해서 어려운 입장에 처해 있었다. 2008년 대기업 자회사에서 강의를 한 적이 있었는데, 그때 강의를 들었던 분 중의 한 분이 아내와 함께 내 사무실로 찾아왔다. 인천에서 강남에 위치한 내 사무실까지 먼 길을 마다하지 않고 부부가 찾아온 이유는 노후 준비에 대해 상담하기 위해서였다. 당시 대기업에서 상무로 일하던 고객의 소득은 세후 월 1,000만 원. 지출은 800만 원이어서 매월 200만 원 정도를 저축하고 있었다. 상담을 하면서 남편은 2년 뒤 58세에 은퇴를 하게 되면 벌어놓은 돈으로 골프나 낚시를 즐기며 노년을 보내고 싶다고 했다. 하지만 아내의 생각은 달랐다. 남편의 수입이 없는 상태에선 부부가 지금 누리는 생활을 결코 누릴 수 없을 것이라고 낙담하고 있었다.

상무님 부부는 1년 전인 2007년에 평생 모은 자금 5억 원을 후배 기업에 잘못 투자해서 투자금 회수도 못하고 있는 형편이었다. 실제로 남편이 2년 후 퇴직을 하고 아무 일도 하지 않게 된다면 부부에게는 퇴직금 2억 원 정도와 대출 없는 3억 원 정도의 32평 아파트 한 채밖에 남지 않게 된다. 2008년 당시부터 매월 200만 원씩 저축을 하더라도 2년 후 5,000만 원밖에 모이지 않아서 총 2억 5,000만 원의 현금과 국민연금 120만 원, 개인연금 30만 원으로 노후를 보내야 하는 것이다. 두 사람이 지금껏 누려온 삶을 생각하면 턱없이 부족한 금액이었다. 특히 2008년 당시 부부의 평균 지출이 800만 원이나 되어서 생활비를 갑자기 줄이기도 힘든 상황이었다.

나는 상무님께 현금흐름표를 보여주며 정말 일하기 싫으신 게 아니라면 2년 뒤 퇴직한 후 5년 정도만 일을 더 하시라고 권유했다. 특히 상무님이 몸담고 있는 회사가 대기업이라서 퇴직 후에도 3~5년은 자회사에서 60% 정도의 급여를 받으면서 일할 수 있었다. 결국 나는 두 분의 노후자금을 마련하기 위해 몇 가지 실행 방안을 마련했다.

1. 퇴직 전까지 생활비 800만 원을 500만 원으로 줄이고, 퇴직 후 다시 400만 원까지 줄여나간다.

현재 노후자금으로 준비되어 있는 것은 국민연금 120만 원과 개인연금 40만 원이 전부였고 자녀들도 아직 결혼 전이었다. 그러므로 2억5,000만 원의 현금 중에서 1억 원 정도는 자녀 결혼자금으로 나가야 했다. 그렇게 되면 1억5,000만 원으로 연금 재원을 마련하기가 쉽지 않았다. 그래서 어렵지만 가장 좋은 방법인 생활비 지출을 줄여나가기로 했다. 부부는 안정되고 멋진 노후를 위해 5~7년 남은 기간 동안 열심히 아끼고 저축하는 데 최선을 다했다. 그 결과 2년 후 월 지출을 300만 원까지 줄일 수 있었다. 나는 두 분의 노력과 투지에 감동을 받아서 기쁜 마음으로 찬사를 아끼지 않았다.

2. 5년 정도 일하는 기간을 연장한다.

2010년 58세로 퇴직한 상무님은 회사 경영진을 끝까지 설득해 자회사에서 다시 5년을 더 일할 수 있게 됐다. 만약 상무님이 손을 놓은 채 가만히 있었다면 절대로 불가능했을 일이었다. 하지만 어떻게든 5년 동안 월 500만 원 이상을 벌어야 한다는 목표를 세우고 나니, 퇴직 전에 할 수 있는 모든 방법을 동원해서 부탁하고 설득했던 것이다. 퇴직 전 소득 1,000만 원보다 훨씬 줄어든 600만 원을 받게 됐지만, 부부는 매월 300만 원만 생활비로 쓰고 300만 원은 그대로 저축했다. 만약 상무님이 퇴직 후 집에서 쉬면서 이전에 소비하던 대로 용돈을 200만 원씩 지출했다면 아무런 대책 없이 부부는 힘든 노후를 맞았을 것이다. 하지만 600만 원의 수입을 5년 동안 더 연장시킨 것이 두 분의 노후 준비에 결정적인 도움이 되었다.

3. 1차 5개년 계획으로 포트폴리오를 구성해서 실천해나간다.

나는 부부의 7년 뒤 노후자금으로 월 400만 원 정도를 계획했다. 우선 국민연금 120만 원, 기존 개인연금 40만 원으로 160만 원이 준비됐다. 나머지 240만 원은 추가로 준비해야 했다. 나는 160만 원 정도는 임대소득을 통해 준비하고, 80만 원 정도는 추가 개인연금을 통해 준비하자고 제안했다. 임대소득은 물가 상승률에 따라 월세가 인상되므로 아주 효과적인 노후 준비가 된다. 결국 상무님은 2010년 퇴직 후 2억5,000만 원 중에서 1억 원 정도를 투자해서 대학가 근처 오피스텔 두 채를 분양받았다. 분양가가 1억 원인데 대출을 5,000만 원 받아서 두 채를 분양받고, 전세 1,000만 원에 월세 60만 원 임대를 놓았다. 2013년 현재, 이곳에서 이자를 제외하고 매월 80만 원씩 들어오고 있다.

나머지 1억 원은 5년 후를 위해 일시납 변액연금에 넣었다. 그러면 2010년에 투자하고 2015년 상무님이 은퇴하는 시점에 70만 원 정도를 받을 수 있게 된다. 일시납 변액연금은 투자도 되고 원금 보장이 되는 상품이다. 게다가 보험사 사업비도 적립식보다 적게 빠져서 50대 고객들에게 아주 유리한 상품이다. 또한 2010년 자회사로 옮긴 후 매월 남은 잉여금 300만 원을 적금에 들어서 만기금 1억 원을 가지고 2013년 봄, 노원구 상계동의 15평 경매 아파트를 1억8,000만 원에 낙찰받았다. 물론 전세금 1억3,000만 원이 들어 있어서 5,000만 원만 투자해 구입했고 1년 뒤 전세 만기가 되면 점점 전세금을 돌려주고 반월세로 받을 계획이다. 아마도 2017년 정도엔 보증금 1,000만 원에 월세 60만 원 이상은 받을 수 있을 것이다.

4. 부부 대화를 통해 노후의 삶을 가꾸어간다.

　이렇게 포트폴리오를 잘 구성해서 실행하며 실제로 매월 생활비를 줄여나가자 이 부부에겐 여유가 생겼다. 그와 동시에 부부는 어떻게 노후를 더 잘 보낼 것인가에 대한 근본적인 대화를 많이 하게 되었다. 이를 통해 부부는 현재 아파트에서 노년을 보내는 것보다 영종도에서 노후생활을 즐기는 것이 좋겠다는 결론을 얻었다. 지금 있는 곳은 이전에 다닌 회사와는 가깝지만 공기도 안 좋고 번잡한 지역이라 노년을 보내기에는 부적합하다고 판단한 것이다. 그래서 2012년에 영종도의 38평 아파트를 현재 아파트 가격에 경매로 구입해서 이사를 했다. 지금 당장은 영종도의 인프라가 부족하지만, 2015년 은퇴 이후 20년 이상을 살기엔 부부에게 부족함이 없는 좋은 지역이다.

　일반적으로 노후 준비를 할 때 큰 평수 아파트를 줄여서 작은 아파트로 가고 남은 금액은 노후를 위한 연금 재원으로 마련하는 것이 보통이다. 하지만 이 부부의 경우는 달랐다. 그동안 부부는 많은 노력으로 현금을 확보하고 생활비를 줄였기 때문에 오히려 원하는 곳에 더 큰 평수로 이사 가는 것도 전혀 문제가 되지 않았다.

　2008년 김 상무님 부부를 처음 만난 이후 5년 이상이 흘렀다. 그동안 두 분을 상담해오면서 나는 '나의 고객 중에서 재무 상담을 통해

표3 은퇴 시 매월 400만 원 노후자금 만들기 프로젝트

(단위: 만 원)

연금 재원	금액	기간	비고
국민연금	120	2013년부터	
오피스텔 임대수입	100	2013년	2010년 1억으로 두 채 구입 (2015년 한 채당 5,000만 원 대출 상환)
일시납 변액연금	80	2016년	2010년 투자
기존 개인연금	40	2016년	15년 전 가입한 연금
아파트 월세	60~70	2017년	노원구 상계동 15평 아파트

성공한 훌륭한 케이스'라며 두 분을 칭찬해드렸다. 사실 상무님 부부를 처음 만났을 때만 해도 상황은 그리 좋지 않았다. 가진 것은 3억 원 정도의 32평 아파트 한 채밖에 없었고, 게다가 2년 후면 매월 1,000만 원 받던 급여도 끊길 예정이었다. 평생 모은 5억 원은 잘못 투자해서 모두 날려버린 상태였다. 이 부부가 노후 준비에 성공하게 된 가장 큰 요인은 먼저 본인들의 현실을 정확하게 파악하고 있는 그대로 받아들였다는 것이다.

사실 대기업 임원으로 살면서 재무 상담 몇 번으로 삶을 바꾸기는 쉽지 않다. 하지만 이 부부는 내가 보여준 현금흐름표와 가계수지 분석을 통한 문제점을 파악하고 당장 신용카드를 없애고 체크카드로 생활을 했다. 50대의 회사 상무이사로서 신용카드를 없애는 것은 정말 쉽지 않은 일이다. 또한 매주 골프를 치러 나가거나 후배들 회식 자리에서 사용하던 용돈 200만 원을 당장 50만 원으로 줄이는 일 역시 쉽

지 않은 결정이었다. 하지만 이들 부부는 은퇴 이후의 삶을 위해 당장 할 수 있는 모든 것들을 바꾸고 참으며 실천해나갔다. 또한 이들 부부는 내가 제안했던 오피스텔, 일시납 연금, 경매 등을 충분히 검토하고 함께 공부하면서 이해가 되었을 때 곧바로 실행에 옮겼다. 대부분 50대 분들은 이야기만 듣고 공부도 하지 않은 채 중간에 포기하는 경우가 많은데, 이들은 달랐다.

마지막으로 이들 부부는 지난 5년 동안 계속 은퇴 이후의 삶에 대한 꿈을 꾸고 함께 여행을 다니면서 좋은 건강 상태와 정서적으로 안정된 상태를 유지했다. 또한 서로 대화가 잘 통했기 때문에 등산이나 문화생활을 함께 즐길 수 있었다. 일반적으로 노년에 부부가 갑자기 많은 시간을 보내게 되면 함께할 수 있는 일이 적어서 갈등하는 경우가 많다. 하지만 이들 부부는 지난 5년 동안 같이할 수 있는 취미생활을 만들어왔기 때문에 남은 인생 동안 행복하고 여유롭게 지낼 수 있게 됐다. 2008년이 위기의 때라고 생각했던 상무님 부부는 2013년 현재, 2~3년 후면 돌아올 은퇴의 시기를 설레는 마음으로 기다리고 있다. 모두들 두려워하는 노후가 그들에게는 소풍날처럼 기대되고 행복한 노후가 될 것이다. 준비된 은퇴가 얼마나 중요한지 이들 부부를 보면서 다시 한 번 절감하게 된다.

50대를 위한 노후 대비 원칙

첫째, 부부가 함께 힘을 모아 60대 이후의 삶을 준비한다.

둘째, 온 가족이 똘똘 뭉쳐서 퇴직금을 지킬 수 있도록 도와야 한다.

셋째, 자녀 결혼자금은 무리하지 않는 선으로 정한다.

넷째, 지출을 관리해 10년 동안 저축액을 늘린다.

6부

총정리!
이렇게 하면 노후 준비 끝~

노후를 편안하게 하는 패러독스

지금까지 우리들이 주장한 내용은 처음 듣는 사람들에게는 조금 소화하기 힘든 음식처럼 부담스러울 수 있다. 아무런 배경지식 없이 얼핏 들으면 말도 안 되는 웃기는 소리다. 자식을 버리라고? 자식이 공부 못하길 빌기라도 하라는 말인가? 아니다. 부디 오해하지 않기를 바란다. 우리들이 강조하고 싶은 것은 자신의 재무 형편에 맞게 적당한 선을 지키라는 말이다.

공부 못하는 자녀에게 남들처럼 명문 대학에 가야 한다고 사교육비를 쏟아붓고 억지로 학원에 집어넣고 윽박지르지 말라는 얘기다. 그 자녀한테는 분명히 그 자녀의 재능과 적성에 맞는 다른 길이 있다.

그 길을 찾아주는 것이 부모의 역할이다. 내 자녀가 공부를 잘한다고 해서 내 주머니 형편이 되지도 않는데 억지로 유학을 보내고 유학비 대느라 허둥대다가 가난한 노후를 맞지 말라는 얘기다. 자식한테 억지로 교육비를 쏟아붓고 나중에 제 먹고 살기도 힘든 자녀에게 당연한 것처럼 손 벌리지 말라는 뜻이다. 지금까지 풀어냈던 내용들이 머리에 쏙쏙 박힐 수 있도록 다시 한 번 정리해보자.

검소함이 자산이다?

예전에 일하던 사무실 건물에서 한 청소부 아주머니를 만난 적이 있다. 아침 일찍부터 나와서 열심히 청소를 하시는 아주머니 덕분에 엘리베이터와 계단은 늘 윤이 나는 것처럼 반짝거렸다. 어느 날, 일 때문에 일찍 출근한 나는 땀 흘려 일하시는 아주머니에게 시원한 음료수 한 병을 건넸다. 음료수를 마시며 잠시 쉬는 동안 나는 아주머니와 이런저런 이야기를 나누면서 새로운 사실들을 알게 됐다.

60세인 아주머니는 20년 넘게 건물 청소 일을 해왔다. 남편은 작은 인쇄소에서 일하다가 정년퇴직을 한 후 어느 회사 창고 경비원으로 일하고 있다고 했다. 두 사람이 열심히 일한 덕분에 두 딸은 대학까지 무사히 마쳤다. 큰딸은 공무원 시험에 합격해서 동사무소에서 일하고 있고, 작은딸은 중소기업에 다니고 있다고 했다. 네 식구 모두가 직업을 갖고 있는 것이다. 네 사람의 수입을 어림잡아도 월 600만~700만 원은 족히 될 것 같았는데, 두 딸들도 워낙 검소해서 아주머니네 식구는 그 흔한 중고 자가용 하나 없이 모두 다 대중교통을 이용한다고 했다.

"우리 부부가 워낙 가난한 집에서 자라 아무것도 없이 맨주먹으로 시작했거든요. 그래서 어렸을 때부터 반지하 집에서 애들이 고생을 많이 했어요. 그래서인지 다 커서도 돈 쓰는 법을 몰라요."
그래서 네 사람 생활비는 월 150만 원 정도면 충분하고, 나머지는 모두 저축한다고 했다. 덕분에 서울에 30평 아파트도 하나 장만했고, 딸들 시집갈 자금도 어느 정도 마련해둬서 마음이 든든하다고 했다. 내 직업 특성상 노후자금에 대해서는 어느 정도 준비되어 있는지 여쭤보았는데, 노후 걱정은 하지 않아도 될 만큼 착실하게 연금 상품으로 잘 모아두고 계셨다.

"그럼 이제 좀 쉬어도 되지 않으세요?" 하고 물었더니 "그렇잖아도 딸들이 그만 좀 쉬라고 해서 몇 달 쉬어봤어요. 그런데 몸이 더 아프지 뭐예요. 우리 같은 사람들은 움직이지 않으면 병이 더 생기거든요.

그래서 다시 일을 시작했더니 지금은 멀쩡해요." 담담하게 자신의 삶을 털어놓으며 미소 짓는 아주머니를 보면서, 나는 검소함이 얼마나 큰 재산인지 다시금 확인했다.

그렇다고 해서 아주머니네 가족이 돈 버는 데만 열중해서 무미건조하게 사는 건 아니었다. 주말이면 온 가족이 가까운 산에 도시락을 싸 가지고 올라가서 쉬다 오기도 하고, 특별한 날에는 노래방에 가서 스트레스를 풀고 온다고 했다. 옷 몇 벌로 한 계절을 난다는 두 딸이 가난한 부모로부터 물려받은 것은 가난이 아니라 삶을 넉넉하게 살아갈 수 있는 검소함이라는 재산이었다. 나는 도시락을 싸 들고 산에 오르는 한 소박한 가족을 상상하며 잠시 흐뭇해할 수 있었다.

노후 준비에 있어서 젊을 때 고생하며 얻은 경험과 검소함은 큰 자산이 된다. 가난 속에서 검소하고 근면한 삶의 방식이 생활 습관으로 정착됐다면, 적은 연금으로도 충분히 넉넉하고 여유롭게 살 수 있기 때문이다. 노후에 일자리를 다시 구할 때도 가난에 익숙한 사람은 유리하다. 청소부나 경비원 등의 일자리를 구할 때 과거에 높은 연봉을 받았던 사람들은 자존심을 내던져야 하는 고통의 의례를 통과해야 하지만, 이들은 힘 빼지 않고 자연스럽게 통과할 수 있기 때문이다.

나(김의수)는 예전에 아버지 회사의 부도로 심한 가난을 경험한 적이 있다. 정원까지 딸린 280여 평의 넓은 집에서 풍족하게 살다가 하루아침에 25억 원의 빚을 지고 길바닥에 나앉게 됐다. 아득한 절벽 아래로 떨어진 것 같은 현실을 인정하는 것이 죽기보다 싫었다. 하지만 살아남기 위해서는 어쩔 수 없었다. 유학까지 갔다 온 내가 하루에 2만 원을 벌기 위해서 시민공원에서 풀을 뽑고 있을 때는 차라리 죽는 게 나을 것 같았다. 극한 절망감 속에서 하루하루가 목숨을 건 전쟁이었다. 하지만 포기할 수 없었다. 책임져야 할 가족이 있었기 때문이다. 누우면 머리가 벽에 닿을 것 같은 좁은 단칸방에서 네 식구가 살다가 고생 끝에 드디어 30평 아파트로 이사했다. 천국에 입성한 것 같았다.

그 과정 속에서 우리 가족은 절약하고 또 절약했다. 아이들에겐 다른 집 아이가 입다가 작아진 옷을 얻어 입혔고, 단돈 1,000원을 아끼기 위해서 걸어 다녔다. 장애를 가진 큰딸 희은이의 전동휠체어를 장만하는 것이 일생일대의 꿈처럼 여겨졌던 때도 있었다. 그 꿈을 이루기 위해 우리 가족은 더욱더 허리띠를 졸라맸었다. 이제 경제적으로 어느 정도 여유로워졌지만, 그때의 경험은 나에게 근검절약하는 습관을 몸에 배게 해주었다. 양가 부모님께 매달 500만 원을 생활비로 드리기 위해 중곡동의 32평 아파트에 만족하며 5명이 행복하게 살고 있다. 짧은 기간이지만 같이 고생한 우리 아이들도 젓가락 쥐는 법처럼 자연스럽게 검소에 대한 습관을 익히게 됐다. 그래서 지금도 엄마가 공동체에서 얻어다 주는 남의 옷을 스스럼없이 입을 수 있고, 남이 읽던 헌책을 읽는 것을 당연하게 여긴다. 아무리 용돈이 적어도 그 안에서 쓰는 법을 자연스럽게 혼자서 터득했다. 변화무쌍한 이 사회를 살아가는 데 꼭 필요한 훌륭한 재산을 우리 식구는 가난의 경험을 통해서 얻게 된 것이다.

성적 나쁜 자녀, 부모 노후 도와준다?

이 책의 내용을 통틀어서 한마디로 줄이라고 한다면 '자식보다 부모의 노후가 먼저'라는 것이다. 자식들에 대한 교육열에 불타 있는 일부 학부모들에게는 크게 반감을 살 수도 있는 말이다. 하지만 수많은 재무 상담을 통해 보고, 듣고, 터득한 진실이기에 외칠 수밖에 없다. 관점을 달리 하면 성적이 나쁜 자녀가 부모에게 골칫덩어리가 아니라, 도리어 부모의 노후를 도와줄 수도 있다. 공부 잘하는 자녀를 뒷받침해주지 못하는 것은 부모에게 가슴 아픈 고통이다. 하지만 공부를 못하는 경우에는 자녀에게 투자하고자 하는 욕구를 쉽게 포기할 수 있다. 사실 나(김의수)의 경우도 예외는 아니다. 내 딸 민수가 반에서 1·2등을 다툴 정도로 공부를 잘한다면, 그래서 명문대 갈 실력이 되는데도 애견관리사가 되겠다고 고집한다면, 그렇게 쉽게 내가 딸의 꿈에 동조해줄 수 있었을까? 잠깐 의문이 들긴 하지만 내 답은 같다.

나(백정선)의 친구 아들인 민석이는 고등학교 다닐 때 공부를 못해서 부모의 속을 몹시 썩였다. 하지만 졸업하고 군대에 다녀온 후 요리를 배우겠다며 이태리 레스토랑에 취직을 했다. 그 후 혼자 힘으로 전문대학을 졸업해 호텔 요리사로 취직을 하고 나니 하루아침에 효자가 되어버렸다. 친구는 한때 명문 대학에 입학한 다른 친구들의 아들을 몹시 부러워했었지만, 이제는 더 이상 부럽지 않다며 은근히 자랑을 한다. 반면에 아들이 의과대학에 붙었다며 좋아하던 친구는 때마다 거액의 등록금을 대느라 동분서주하며 허리가 휘는 것을 본다.

물론 이와 반대되는 예도 충분히 있을 수 있다. 열심히 뒷바라지 했더니 자녀가 성공해서 부모를 잘 부양했다더라, 모든 부모가 꿈꾸는 해피엔딩 스토리다. 그런데 문제는 이런 해피엔딩이 거의 드물다는 것이다. 그 대신 자녀에게 투자했더니 돌아오는 것은 배신감이더라, 하는 비극적인 스토리가 더 많이 들려온다. 우리가 말하고 있는 것은 다수가 경험하는 일반적인 현상이다. 그래서 다수를 위한 노후 대책을 고민하고 해결점을 찾기 위해 노력하는 것이다. 돈이 많아서 자녀를 유학 보내고 나서도 아무런 어려움 없이 노후를 살 수 있는 사람의 노후에 대해서 우리는 고민하지 않는다. 우리가 함께 고민하고 대책을 세우는 대상은 빠듯한 살림으로 알뜰하게 살아야만 가난해지지 않을 수 있는 대부분의 서민들이다.

앞서 여러 번 말했듯이 영어유치원에서부터 시작된 자녀 교육의 목표는 명문대 보내기다. 명문대 보내기의 목표는 안정된 생활을 보장하는 대기업에 취직하는 것이다. 하지만 명문대에 진학하는 사람은 전체 학생의 10%이고, 대기업에 취직하는 사람은 전체 취업생의 7%다. 나머지 90% 이상은 서울에 있는 이류 대학이나 지방대를 가야 하고 중소기업에 취직해야 한다. 그런데 누구나 그 바늘구멍을 향해 막대한 돈을 쓰며 기를 쓰고 달려간다. 그런데 비극은 그 대기업도 답이 될 수 없다는 것이다. 우리는 지금까지 대기업에서 퇴직한 이후 힘들어하는 많은 정년퇴직자들의 사례를 보았다. 의사나 변호사 같은 전문직도 마찬가지다. 요즘은 문을 닫는 병원과 변호사 사무실이 많아졌다. 어떤 것도 답이 될 수 없는 세상에 우리는 살고 있는 것이다. 그렇기 때문에 나만의 길을 찾는 것만이 살 길이다. 누구나 재벌이 될 수 없고, 누구나 노벨문학상을 탈 수 없다. 하지만 누구에게나 자신의 길은 있다. 그것을 내 자녀에게 찾아주자는 것이다. 처음부터 태산처럼 높은 목표 지점을 정해놓고 90% 이상의 실패자를 양산할 필요는 없지 않은가. 금쪽같은 내 자녀를 왜 그 무의미한 경쟁선에 세워놓고 빨리 달리라고 소리치며 발을 동동 구르고 있는가 말이다.

내 자녀가 왜 공부 잘하길 원하는가? 왜 성공하길 원하는가? 결국 돈이다. 돈을 잘 벌 수 있는 직업을 갖길 원하는 것이다. 하지만 돈이 행복의 전부는 아니다. 돈 이외에도 우리 인생에는 중요한 것들이 너무도 많다. 공부 못하는 내 자녀, 공부 좀 못하면 어떤가? 내 자녀가 어떤 그릇으로 태어났는지 분별해서 그 재능에 맞게 살게 해주면 자녀 교육비 부담에서도 벗어나고, 부모의 노후도 튼튼하게 준비할 수 있다. 그야말로 일석이조다. 명문 대학에 진학하지 못했다고 해서 내 자녀가 인생의 실패자가 되는 것은 아니다. 단지 다른 길을 걸어갈 뿐이다.

부모 자식, 서로에게 선을 그어라?

젊은 부부를 상담한 적이 있다. 처음 상담을 시작할 때는 젊은 부부를 위한 재무 상담이라고 생각했는데, 상세한 내용을 알고 보니 부모님의 노후 문제와 관련되어 있었다.

상담하러 온 아들은 대기업 신입사원이었고, 아내는 2살짜리 자녀를 키우며 그 당시 임신한 상태였는데, 부모님과 함께 살고 있었다. 부모님|아버지 60세, 어머니 54세|의 자산은 안양에 3억 원 정도 하는 23평 빌라와 1억5,000만 원의 현금이 전부였다. 아버지가 은퇴한 후, 부모님은 빌라를 전세 놓고 전세금 1억5,000만 원과 현금 1억 원을 합한 총 2억

5,000만 원을 아들 내외에게 줬다. 그 자금을 아들 내외의 아파트 비용과 합쳐 분당의 40평대 아파트를 얻어서 부모와 자녀가 함께 살고 있었던 것이다. 아들은 자신이 장남이기 때문에 당연히 부모님을 모셔야 한다고 생각했다. 며느리인 아내도 반대하진 않았지만 부부간의 대화가 부족한 상태임을 알 수 있었다.

결국 나는 해결책으로 아들에게 부모님이 따로 노후자금을 마련해서 살 수 있도록 부모님께 받은 돈을 돌려드리라고 조언했다. 2억 5,000만 원의 노후자금을 자식에게 주고 함께 살게 되면 부모로서는 자식과 함께 산다는 즐거움을 누리고, 자식들은 더 크고 좋은 집에서 살 수 있다. 그러나 부모님은 평생 자녀의 눈치를 보고 살아야 한다. 나는 부모님의 재무 상황을 정리해보았다. 부모님이 쓰시는 생활비는 매월 최소한 100만 원 정도는 있어야 하는데, 1년 후 아버지의 국민연금으로 58만 원 정도 나오는 게 전부였다. 어머니가 베이비시터를 하셔서 매월 100만 원의 고정수입이 있었지만, 건강이 좋지 않아서 길어야 3년 정도밖에 일을 할 수 없는 상황이었다. 게다가 어머니가 인터넷을 통해 가입한 의료보험이 있긴 했지만 10년납 10년 보장으로 62세가 되면 보장이 없어지게 된다. 아버지는 혈압약을 먹고 있는 상황이라서 보험 가입이 불가능한 상태였다.

나는 아들에게 우선 부모님 빌라의 전세금 1억5,000만 원을 돌려주고 부모님이 당신들의 집으로 들어가시도록 했다. 그리고 부모님은 현금 1억 원으로 소형 아파트나 오피스텔의 경매 물건에 투자해서 50만 원 정도의 임대수익이 생기도록 했다. 남은 5,000만 원은 월 지급식 채권이나 일시납 연금으로 전환해서 월 30만 원 정도 수입이 생기도록 설계했다. 부모님 모두 60세가 되면 주택연금에 가입해서 월 80만 원 정도의 수입을 얻을 수 있다. 거기에다 아버님의 국민연금 58만 원과 고령연금 12만 원까지 포함하면 약 230만 원 정도의 노후자금이 만들어진다.

어머니의 의료보험은 암, 성인병, 상해 위주로 총 9만 원을 납부 중이었는데 이를 암, 뇌경색을 포함한 의료실비보험 11만 원으로 해결하도록 했다.|100세 갱신, 건강 특약은 80세 만기|. 아버지는 혈압약을 복용하고 있었지만, 모 생명보험사의 의료보장보험 가입이 가능했으므로 인터넷으로 8만3,000원 정도 납부하는 소멸성 보험에 가입하도록 했다.

결국 부모님은 4억5,000만 원의 자산을 그대로 보유한 채 임대소득과 연금소득으로 충분히 생활을 하실 수 있었고, 손자·손녀에게 용돈도 주면서 떳떳하고 자신감 있는 노후를 보낼 수 있게 됐다. 부모와 자녀의 자산을 분리시킴으로써 부모의 노후를 좀 더 탄탄하게 준비하게 된 사례로서 지금 생각해도 흡족한 결과였다는 생각이 든다.

이 사례를 통해 알 수 있는 것은 노후자금을 어떻게 활용하느냐에 따라서 노부부의 미래가 완전히 달라진다는 것이다. 많은 부모들은 노후자금을 자식에게 넘겨주고 효도를 받으면서 사는 것이 행복이라고 여기는 경향이 있다. 하지만 현실은 다르다. 많은 은퇴빈곤층이 생겨나는 이유가 바로 노후자금을 확보하지 못해서라는 점을 간과해서는 안 된다. 내 자녀는 그러지 않을 거라는 무모한 믿음으로 노후자금을 자녀에게 건네주기보다는 부모와 자녀가 적절한 때에 확실하게 독립하는 것이 부모의 삶과 자식의 삶을 위해 바람직한 일이다.

부모의 노후 준비가 자녀의 미래를 좌우한다?

최근에 삼성전자에 입사한 젊은이가 있는데 빚이 1억7,000만 원이나 있다고 해서 놀란 적이 있다. 알고 보니 부모님이 자식에게 지워준 빚이었다. 부모가 정년퇴직을 한 후 사업을 하다가 실패해서 빚을 지게 되었고, 자녀에게까지 보증을 서게 해서 대출을 낸 것이다. 이제 사회에 첫발을 내디딘 청년의 창창한 인생을 생각하면 너무도 암담한 현실이었다.

또 다른 케이스다. 아버지가 부동산 개발업에 뛰어들었는데 분양이 잘되지 않으면서 자금이 묶이게 됐다. 할 수 없이 딸의 이름으로 대출을 했는데 그 금액이 2억 원이 넘게 됐다. 부담감을 느낀 딸이 더 이상 대출을 할 수 없다고 거절하면서 부녀간의 갈등이 시작됐다. 딸이 전화를 걸어와 어떻게 하면 좋을지 물었다. 나는 아버지를 먼저 만나야 할 것 같다고 말했다. 이 문제는 아버지와 상담을 해야 하는 사안이기 때문이다.

또 다른 사례도 있다. 대학 후배가 직장생활을 하면서 꼬박꼬박 월급을 부모님께 갖다 드렸는데, 막상 결혼을 하려고 보니 부모님이 빚만 잔뜩 진 사실을 알게 됐다. 결국 그 후배는 부모와 의절하고 집을 나와 그때부터 돈을 모아서 어렵게 결혼을 하게 됐다.

자녀를 교육시킬 때 부모는 자신의 노후보다는 자녀의 성공과 앞날을 먼저 염려하며 갖고 있는 모든 자금을 쏟아붓는다. 하지만 그 결과 부모가 제대로 노후 준비를 하지 못하면 모든 대가는 고스란히 자녀들의 몫이 되는 경우도 많다. 자녀에게 들어가는 비용과 부모의 노후 자금은 떼려야 뗄 수 없는 관계이기 때문이다. 부모가 불행한 노후를 보내며 힘겹게 감당하든지, 아니면 책임감 있는 자녀가 자신의 미래를 담보해야 한다. 그러므로 부모가 안정된 노후 준비를 하는 것은 곧 자녀의 미래를 자유롭게 도와주는 것이다. 그것은 자녀가 사회에서 성공할 수 있도록 좋은 스펙을 만들어주는 것만큼이나 중요한 일이다.

부모가 자녀에게 한껏 투자할 수 있는 이유는 자녀가 성공한 후 자신의 노후를 지켜줄 것이라는 믿음이 마음 한쪽에 자리 잡고 있기 때문이다. 하지만 이미 앞서 보았듯이 그것은 헛된 소망일 뿐이다. 설사 간혹 심청이처럼 착한 자녀가 부모의 노후 생활비를 매달 벌어다 주면서 부모를 부양한다고 해도, 감당하는 자녀에게는 너무 무거운 짐이다. 자녀가 앞으로 부딪치며 살아가야 할 세상이 그리 녹록지 않기 때문이다. 무한경쟁 시대 속에서 자녀는 자신의 위치를 지키기 위해 부단히 노력해야 할 것이고, 결혼 후에는 어린 자녀들의 교육과 생계를 위해서 가장으로서 열심히 뛰어야 할 것이다.

다시 한 번 강조하건대, 자녀는 부모의 투자 대상이 아니다. 자녀가 험한 세상을 잘 살아갈 수 있도록 부모가 할 수 있는 범위 안에서 키워놓으면 부모의 역할은 끝난다. 그 후에는 자녀도 독립해야 하지만, 부모 또한 자녀로부터 독립해야 한다. 가끔 상담을 통해 자녀에게 모든 것을 쏟아붓고 나서 아무런 대책도 없이 자녀의 수입에 의존해서 사는 부모를 만날 때가 있다. 그런 부모들은 자녀가 결혼해서 분가하면 그때부터 혹독한 대가를 치르게 된다. 하지만 그들은 어디서부터 잘못됐는지, 무엇이 잘못된 선택이었는지조차 알지 못한다. 그저 자신을 부양하지 않는 불효막심한 자녀를 원망하며 시대를 한탄할 뿐이다. 그런 고객들을 볼 때면 안타깝다. 대책 없이 교육비를 펑펑 쓰다가 나중에 당연한 것처럼 자녀에게 손을 내미는 부모보다는, 처음부터 노후 대책을 세워놓고 알뜰하게 살아가는 부모가 자녀 입장에서는 더 훌륭한 부모다.

행복한 노후를 위한 5단계 플랜

1단계: 참조틀을 낮춘다

정년퇴직 후 가장 먼저 해야 할 일이 바로 참조틀을 낮춰서 기본적으로 매달 들어가는 생활비를 최대한 줄이는 것이다. 이전의 연봉으로 생활하던 습관을 버리지 않으면 아무리 노후에 재취업해서 돈을 번다고 해도 밑 빠진 독에 물 붓기이기 때문이다. 그러므로 온 가족이 합심해서 과감하게 생활비를 줄여나가야 한다.

노후 준비에는 누구에게나 통용되는 정해진 노후자금 액수나 해결책이 없다. 각자 형편에 알맞게 노후를 설계하고 참조틀을 낮추면 적은 돈으로도 얼마든지 행복하게 살 수 있다. 하지만 체면과 남에게 보이기 위한 것에 초점을 맞춰서 쫓아가다 보면 제아무리 많은 재산을 갖고 있어도 상대적인 빈곤감에 빠져 우울하고 불행하게 살 수밖에 없다.

　자신도 모르는 사이에 높은 참조틀에 길들여진 현대인들은 필요 이상으로 불행하다. 얼마 전 중학생인 조카가 유명 브랜드 운동화를 사달라고 떼쓰는 것을 본 적이 있다. 운동화 한 켤레 가격이 내가 신는 운동화 가격의 서너 배는 족히 되고도 남았다. 철없는 자녀들만 그런 것이 아니다. 많은 주부들이 드라마를 보면서 열광하는 것도 그 안에 자신들이 갖고 싶은 것과 살고 싶은 삶이 예쁘게 포장되어 있기 때문이다. 하지만 알고 보면 모두 허상이다. 그것은 방송국에서 만들어놓은 가짜 세상일 뿐이다. 그런데 사람들은 그것이 진짜인 양 따라 살려고 흉내를 내고, 주인공처럼 해주지 않는다며 남편을 잡는다. 좋아하는 연예인이 든 가방과 같은 것을 사서 들고 다닌다고 그 연예인의 삶을 사는 것은 아니다. 그 거짓 광고에 속아서 많은 사람들의 소비 욕구만 커지고, 그만큼 충족시킬 수 없으니 상대적으로 비참해진다. 우리는 거품처럼 부풀어 올라 우리 눈을 멀게 하는 신자유주의가 만들어낸 거짓 신기루에 속지 말아야 한다.

　나의 참조틀은 어딘가? 내가 지금 속고 있는 것은 무엇일까? 곰

곰이 생각해볼 일이다. 그래야 지금 내가 속한 현실을 받아들이며 감사하면서 행복하게 살 수 있다. 나의 참조틀을 낮추는 일은 노후 준비를 위해서 꼭 필요한 준비운동이다.

2단계: 평생 할 일을 찾고, 재취업할 곳을 알아본다

앞서 이미 강조했듯이 정년퇴직 후 재취업은 매우 중요하다. 1억 원을 시중 은행에 맡겼을 때 매월 받을 수 있는 이자가 27만 원 정도다. 월 100만 원의 수익을 얻기 위해서는 4억 원 가까운 돈을 은행에 저축해놓아야 한다. 다시 말해서 재취업을 해서 100만 원의 월급을 받는다면 4억 원의 돈을 예금해서 얻는 이자수익과 비슷한 효과를 얻을 수 있다는 얘기다.

정년퇴직 후 직장을 찾기 위해서는 우선 자신의 눈높이를 최대한 낮춰야 한다. 월급이 절반으로 깎이는 것도 감수하고, 필요하다면 무조건 서울에서 일해야 한다는 조건도 내려놓아야 한다. 지방에 위치한 중소기업을 찾아보면 대기업의 경력을 인정받을 수 있는 좋은 직장을 찾을 수도 있기 때문이다. 가장 좋은 방법은 자신이 지금까지 일을 통해 익힌 전문성을 인정받을 수 있는 일을 찾는 것이다. 그러므로 퇴직하기 전부터 관련 기업이나 관련 업종 중소기업에 재취업할 수 있는 가능성을 타진해보는 것이 중요하다.

얼마 전에 정년퇴직을 한 친구가 새로운 직장을 찾았다고 연락을 해왔다. 나(백정선)는 진심으로 축하해줬다. 대기업에서 정년퇴직을 한 친구였는데, 중소기업에서 전에 받던 월급의 절반 정도를 받고 관리자로 일하게 됐다. 정확하게 말하면 그 친구가 입사 2~3년차 사원일 때 받던 월급이었다. 그럼에도 불구하고 그 친구는 매우 잘 풀린 경우라고 할 수 있다. 주위를 돌아보면 대기업 중견 간부로 퇴직을 하고 나서 직장을 찾지 못하는 사람들이 부지기수로 많기 때문이다. 또 다른 친구는 대기업에서 인사교육부장으로 일하다가 정년퇴직을 하게 됐다. 적당한 일자리를 찾지 못한 친구는 헤드헌터 회사에 들어가 6개월 정도 버티다가 결국 실적이 나지 않아서 그만두고 다른 일자리를 찾고 있다. 사정이 이렇다 보니 임원 승진을 못한 채 만년 부장으로 있으면 5년 정도는 더 회사에 눌러앉을 수 있으니 도리어 이득이라는 말이 나올 정도다. 임원으로 승진하고 나면 연봉은 5,000만~1억 원 이상까지도 오를 수 있지만, 1년마다 재계약을 해야 하기 때문에 더 불안정하다는 것이다. 한때 승승장구하던 사람들에게도 노후 일자리 찾기란 그만큼 어려운 일이다.

그동안 하던 일이 특별한 기술이 요구되는 일이 아니었다면 퇴직 후에도 관련 업종으로 가는 것은 쉽지 않을 것이다. 이런 경우에는 정년퇴직 전에 미리 짧게는 1~2년, 길게는 4~5년을 투자해서 자신 있거나 해보고 싶은 분야의 기술을 배워두고 자격증을 따두는 것이 좋다. 그러나 이미 퇴직을 해서 그럴 여유가 없다면 일단 먼저 몸을 낮추어 일을 시작하고 차츰 준비를 하도록 한다. 고용노동부, 지자체, 시민단체에는 식비와 교통비를 지원하는 각종 기술 훈련 프로그램들이 있다.

몸을 확 낮추면 남자가 55세 이후에 할 수 있는 일들을 의외로 쉽게 찾을 수 있다. 건물 관리, 택배, 경비, 공공 근로, 건물 청소 등의 일이다. 알바몰 등을 이용하면 나이가 들어서도 할 수 있는 일들을 쉽게 구할 수 있다. 내가 아는 분은 본인에게 직접 전해줘야 하는 카드 택배 일을 해서 한 달에 150만~250만 원을 번다고 한다. 일반 택배처럼 무거운 물건을 운송하는 것도 아니니 나이가 있어도 딱 좋은 일자리다. 재취업 기간에는 어떤 일이든 할 수 있다는 열의와 자세가 요구된다.

재취업을 하게 되면 덤으로 얻게 되는 혜택이 있다. 생활비가 저절로 줄어들게 되는 것이다. 정년퇴직 이전보다 훨씬 더 적은 월급을 벌기 위해 더 힘든 일을 해야만 하기 때문이다. 그러면 자연스럽게 가족 전체의 참조틀이 내려갈 수밖에 없다. 아파트 경비원으로 일하면서 골프를 치러 가기는 쉽지 않은 일이다. 매달 적게라도 수입이 들어오니 생활비에 보탬에 되고, 어렵게 번 돈인 만큼 더욱 절약해서 쓰게 되므로 생활비가 줄어들게 된다. 그야말로 일거양득의 효과를 가져올 수 있게 되는 것이다.

또한 정년퇴직 후 일하는 아버지의 모습은 자녀들에게 좋은 교훈과 모범 답안을 보여줄 수 있다. 자녀 교육은 말로 백 마디 하는 것보다 부모가 실천하는 모습을 보여주는 것이 훨씬 효과적이다. 부모가 주는 돈을 쉽게 쓰는 것이 자녀들에게는 습관처럼 배어 있다. 하지만 부모가 돈을 벌기 위해서 정년퇴직 후까지도 고생하는 모습은 자녀들의 생각을 바꿀 수 있다. 한때 잘나가던 아버지가 가정을 지키기 위해서 체면과 자존심을 내려놓고 낮은 자세로 일하는 모습은 자녀에게 가장 충격적이면서도 큰 가르침을 줄 수 있을 것이다.

3단계: 아내에게 도움을 청한다

대부분의 가장들은 어떤 문제가 생기면 혼자서 해결하려고 애쓰는 경향이 있다. 하지만 노후 문제에 관해서는 혼자서 고민하면 아무런 해답을 얻을 수 없다. 정년퇴직 이전과 이후의 상황은 매우 다르기 때문이다. 먼저 노후자금을 어떻게 확보할 것인지 아내와 상의하도록 한다. 그리고 아내에게 도움을 청해야 한다. 노후에는 남성들보다 여성들이 할 수 있는 일이 다양하기 때문이다. 부인들은 남편 혼자 노후 문제를 모두 떠맡게 하지 말고 남편의 짐을 덜어주는 자세를 가져야 한다. 결혼 후 주부로만 살아온 분들은 남편 퇴직 후 새롭게 일자리를 얻어 가계에 보탬을 줘야 한다고 하면 매우 부정적인 태도를 보인다. 집에서 살림만 해오다가 갑자기 바깥에서 일을 한다는 것이 쉽게 받아들여지지 않는 것이다.

하지만 부부가 10년을 함께 소득을 만들면 나머지 20년이 편안해진다고 생각하면 위안을 찾을 수 있을 것이다. 부부만 편안해지는 것이 아니라 자녀들의 부담도 덜어줄 수 있다. 목표가 있으면 고생도, 눈높이를 낮추는 것도 힘들지 않다. 자녀들에게도 솔직하게 모든 상황을 털어놓고 함께 동참하여 문제를 해결해나가도록 해야 한다. 부모가 자녀의 의견을 존중하며 같이 의논한다면 아버지의 정년퇴직으로 인한 경제적 어려움은 도리어 자녀들에게 경제관념을 심어줄 수 있는 좋은 기회가 될 수도 있다. 앞에서 여러 번 강조했기에 이쯤에서 줄이겠다.

4단계: 퇴직금을 금융자산에 묶어놓는다

많은 사람들이 정년퇴직 후 사업을 시작하거나, 혹은 주위 사람들의 잘못된 말에 퇴직금을 몽땅 잃어버리는 경우가 많다. 퇴직금은 쓰는 돈이 아니라 묻어두는 돈이다. 농부는 아무리 배가 고파도 씨앗은 먹지 않는다. 퇴직금을 지켜야 하는 이유는 아무 일도 할 수 없는 65세 이후에 연금과 함께 퇴직금을 운용해서 나온 수익금으로 매달 생활비를 충당해야 하기 때문이다. 퇴직금은 노후자금의 씨앗이다.

나는 상담을 하러 온 50~60대 고객들에게 주로 월 지급식 하이일드 채권과 거치식 연금을 권하는 편이다. 이 상품의 좋은 점은 해약이 되지 않는다는 것이다. 퇴직을 하고 나면 주변 사람이나 가족들로부터 돈을 빌려달라는 부탁을 많이 받게 된다. 이때 하이일드 채권과 거치식 연금에 돈을 묶어놓으면 안전하게 퇴직금을 지켜낼 수 있고, 돈을 빌려줄 수 없는 상황을 설명하면 가족 간에 의가 상하지 않아도 된다.

퇴직을 하면 퇴직금은 일단 안전한 연금 상품에 넣어 원금은 묶어두고 이자로 매달 생활비를 얻는 식으로 활용해야 한다. 이 원칙만 고수한다면 노후 준비에 실패할 위험은 크게 줄어든다.

5단계: 묻어두었던 꿈을 찾고 이룬다

인생이 3막으로 구성된 작품이라고 한다면, 1막은 태어나면서부터 시작될 것이다. 신생아로 태어나 엄마의 보살핌을 받으며 무럭무럭 자라서 각종 교육을 통해 점점 세상에 적응해가는 것이 1막의 줄거리다. 2막은 20대부터 시작된다. 앞으로 어떤 일을 할 것인가 진로를 결정해야 하고 직업을 가진 후 가정을 새롭게 꾸며서 자녀들을 낳고 양육하는 시기가 2막의 주요 내용이다. 마지막 3막은 50대에 정년퇴직을 하면서 시작된다. 남은 노후를 어떻게 준비하느냐에 따라서 3막의 내용은 다양하게 전개될 수 있다. 그러므로 40대부터 노후 준비를 미리 계획하고 준비하는 것은 모든 각본의 결말처럼 매우 중요하다.

고등학교 3학년과 대학교 1학년은 상황과 느낌이 많이 다르다. 청소년으로서 가장 어른 대접을 받는 고3 학생들은 자신이 이미 나이가 들었다고 생각한다. 성적으로 이미 인생의 절반은 결정이 났다고 생각한다. 하지만 대학교에 입학해서 신입생이 되면 새로운 세상을 향해 마음껏 꿈꾸며 달려가는 싱그러운 청춘으로 돌아간다. 그러다 대학 4학년이 되면 마치 고3 때처럼 자신이 나이를 먹을 만큼 먹었다며 세상의 모든 고민을 짊어진 채 고된 취업 전쟁을 치른다. 하지만 회사에 입사해서 신입사원이 되면 사회 초년생으로 또다시 새로운 출발선에 서게 된다.

　마찬가지로 50대의 정년퇴직은 남은 30~40년 노후의 삶을 준비하는 새로운 출발선이다. 지금까지 해보지 않았던 새로운 일들을 배울 수도 있고, 새로운 일자리를 찾아서 노력하며 자신에게 필요한 역량을 강화할 수도 있는 시기이다. 80~90세가 되어 이 세상을 떠날 때 50대를 돌아보면 무엇이든 할 수 있는 때였다고 회고하지 않을까? 그러므로 그저 손 놓고 다가올 세월을 무기력하게 맞는 것이 아니라 스스로 자신의 삶을 다듬고 개척하는 자세가 필요하다. 자신의 3막을 인생의 암흑기로 막막하게 보내다가 마감할 것인가? 아니면 잘 준비해서 그동안 해볼 수 없었던 일이나 취미생활, 봉사활동을 하며 새롭게 시작할 것인가? 이 모든 것들이 지금부터 어떻게 노후를 준비하느냐에 달려 있다.

　평균수명이 점점 늘어나는 이 시대에 노후를 가장 잘 보낼 수 있는 길은 자신이 잘할 수 있는 일을 찾아서 끝까지 즐기면서 하는 것이다. 일을 하는 것은 수입을 창출하는 데 큰 의미가 있지만 그 이외에도 삶의 활력을 이끌어내 정신적·육체적인 건강을 유지할 수 있게도 해준다.

퇴직 후 묻어두었던 꿈을 찾아 사는 부부 이야기

2010년 어느 날, 퇴직을 앞둔 부부가 노후 준비에 대한 상담을 하기 위해 찾아왔다. 당시 남편은 57세, 아내는 55세였다. 부부는 외국계 회사에 다니며 제법 많은 연봉을 받았지만 아이들 유학을 보내고 뒷바라지하느라 모아놓은 돈이 없었다. 다행히 평소 생활이 검소한 편이라서 월평균 생활비 지출이 400만 원 정도였다. 50대에 1억 원 이상의 연봉을 받는 고소득자가 생활비를 월 400만 원 정도 지출한다면 그리 많은 액수가 아니다. 현금자산은 퇴직금 1억 원밖에 없었지만 다행히 잠실에 8억 원짜리 아파트 한 채가 있었다.

부부가 모두 가난한 집에서 태어나 외국 유학 시절에 고생을 많이 했기 때문에 삶에서 가장 우선순위가 자녀 교육이었다. 부부는 유학 보낸 자녀들이 마음 놓고 공부하고 돌아올 수 있도록 뒷바라지를 열심히 해주고 싶었다고 한다. 하지만 그렇게 최선을 다해서 자녀들을 유학 보내고 결혼까지 시키고 나니 후회는 없지만 노후자금이 남아 있지 않았다. 그동안 자녀를 위한 인생을 살았다면 이젠 부부를 위한 삶을 살고 싶은데 너무 늦은 것 같다며 부부는 공허한 미소를 지었다.

내가 보기에 이 부부는 가능성이 있었다. 우선 그들에겐 장점이 많았다. 부부가 유학파로 외국생활도 오랫동안 했고, 남편은 영어에 능

통하고 아내는 일본어를 전공해 남편을 따라 미국으로 가기 전까지 학교에서 일본어를 가르쳤었다. 이분들에게는 당장 아파트를 팔아서 남는 돈으로 어떻게 투자하면 수익을 많이 낼 수 있는가가 문제가 아니었다. 지금이라도 두 분이 원하는 멋진 인생을 살 수 있도록 도움을 드리고 싶었다. 그래서 나는 먼저 부부가 잘할 수 있거나 어릴 적부터 하고 싶었던 꿈을 찾아오라고 숙제를 내주었다.

그러자 아내는 경복궁에서 우리나라 문화를 일본인 관광객들에게 일어로 설명해주는 자신의 모습을 생각하면 행복하다고 말했다. 어느 겨울, 아내는 하얀 눈으로 덮인 경복궁을 이른 아침 시간에 걷게 되었는데, 그때 한쪽에서 젊은 여성이 일본인 할머니 몇 분에게 경복궁에 대해서 설명해주는 광경을 보고 무척 부러웠다고 했다. 남편은 미국에서의 경험을 바탕으로 어학연수 프로그램이나 중·고생들을 위한 방학 어학연수 프로그램에 관심이 많다고 했다. 그동안 지켜본 바로는 한국 시장에 거품이 너무 많아서 본인이 직접 발로 뛰면서 이익금을 낮추면 충분히 경쟁력이 있을 것 같다고 했다.

4개월 후, 부부는 점점 꿈을 구체화하기 시작했다. 아내는 관광통역 가이드 자격증을 먼저 획득하고 아르바이트 개념으로 경복궁이나 서울시의 문화유산을 소개하는 일본어 가이드를 하면서 일본어 동시통역 가이드 시험도 준비하기로 했다. 남편은 휴가를 내어 아내와 미국 현지답사를 다녀왔다. 그리고 본인이 다니던 교회를 중심으로 두 분이 하고 싶어 하는 일과 비슷한 일을 하는 사람들을 소개받아서 만나기도 했다.

3년 후, 부부는 그동안 나에게 자산 관리 상담을 받지는 않았지만 각자 꿈을 이루고 나서 다시 나를 찾아왔다. 남편은 잠실에 직원 한 명을 두고 현지와 연결해서 유학원을 운영하고 있었다. 1년에 한 번씩 현지답사를 가는데, 그 답사는 부부에게 직업적인 일이 아니라 소중한 여행의 시간이라고 했다. 유학원을 한 지 1년이 지났는데 직원 급여와 사무실 월세, 경상비를 모두 빼고 나면 본인에게 200만 원 정도가 남는다고 했다. 아주 저렴한 가격으로 소개하기 때문에 그다지 큰 이익이 남지 않는 것이다. 하지만 남편은 이익보다 더 큰 보람을 느끼며 일하고 있고, 주위 평판도 좋아서 꾸준한 고객이 있다고 흐뭇해했다.

아내는 아직 동시통역 자격증 취득을 위해 공부하고 있는 중이긴 하지만, 이미 일본어 가이드 일은 시작했다고 했다. 그리고 정기적인 수입은 아니지만 월평균 60만 원 정도의 수입을 얻고 있다고 했다. 무엇보다 아내에게 즐겁고 보람된 일은 일본인 친구들을 많이 사귀게 된 것이었다. 그래서 그들이 일본에 돌아간 후에도 연락을 주고받다가 한국을 다시 방문하게 되면 친구처럼 만나서 시간을 보낸다고 했다. 이들 부부에게 필요한 노후자금은 300만 원인데, 지금 부부의 수입은 260만 원이었다. 하지만 예전에 남편이 1,000만 원을 벌어다 줄 때보다 지금이 더 재밌고 행복하다고 했다.

이 부부에겐 노후자금에 대해서 따로 이야기할 필요가 없었다. 부부는 마치 처음 일을 시작한 사람들처럼 자신들이 하는 일을 좋아하며 월 260만 원 이상의 수입을 내고 그 안에서 적절하게 지출하고 있었기 때문이다. 나는 이들 부부에게 현재 7억 원 하는 아파트 가격이 떨어졌음를 적절한 시기에 팔고 아내가 일본인 대상으로 게스트하우스를 하는 것이 어떠냐고 제안했다. 같은 공간에서 남편의 유학원 사무실도 운영할 수 있으면 일거양득일 테니 적당한 집을 찾아보라고 제안한 것이다. 부부는 좋은 생각이라며 동의했다. 아내 입장에서는 일본인 친구들이나 또 그들이 소개한 사람들이 한국을 찾아왔을 때 게스트하우스를 제공하면 사업수익도 얻을 수 있고, 좋아하는 사람들도 만날 수 있어서 좋을 것 같다고 했다. 남편도 굳이 출퇴근하는 사무실을 따로 둘 필요 없이 한 공간에서 일을 할 수 있으니 편할 것 같다고 했다.

고령화 시대의 정년 연장은 이제 선택의 문제가 아니라 필수 사항이 되었다. 노후 생활비를 위해서 정년 연장이 필요하지만, 기왕 정년

후 5~10년 동안 일을 더 해야 한다면 좋아하고 잘할 수 있는 일을 찾는 것이 좋다. 오랜 기간 묻어두었던 꿈이지만 찾아내서 갈고닦으면 충분히 빛이 날 수 있기 때문이다. 비록 그 꿈을 통해서 많은 돈을 벌지 못한다고 해도 그 일은 수천만 원의 가치가 충분히 있다는 것을 우리 모두 알기 때문이다. 노후는 우리가 소년·소녀 시절 품었던, 오랫동안 잊고 있던 그 꿈을 다시 찾고 이룰 수 있는 또 한 번의 기회를 제공한다.

Epilogue

돈보다
삶에 대한 태도가
노후를 좌우한다

돈 걱정 없는 노후를 위해 정부, 언론, 금융사까지 수많은 대안을 제시하고 있지만 정작 제일 중요한 것은 본인의 삶에 대한 태도와 가족 구성원 간의 관계이다. 우리는 이 책에서 노후를 위해 돈을 더 버는 것, 수익률을 더 높이는 것이 안정된 노후에 생각보다 큰 영향을 주지 않는다는 것을 얘기하고 싶었다.

은퇴 직전 300만 원을 벌어서 자녀 교육비를 제외하고 150만 원을 지출하며 행복하게 살아왔던 고객의 삶을 눈여겨봐야 한다. 이 부부는 은퇴 후 생활비를 계산하는데 얼굴에 불안한 기색이 전혀 안 보였다. 평생 모은 현금 1억 원을 가지고 있었고 국민연금으로 60만 원, 개인연금으로 40만 원, 그리고 자녀들에게 매월 20만 원을 받고 있었다. 필요하면 주택연금으로 50만 원을 받을 수 있다. 자녀가 용돈을 주지 않아도 150만 원이 준비되고 현금 1억 원은 비정기 지출로 필요시 사용하면 된다. 어떤 독자들은 '겨우 150만 원밖에 준비가 안 되었네'라고 하겠지만 이분들은 이미 은퇴 직전 150만 원의 생활비로 행복한 삶을 누려왔다는 것을 간과해서는 안 된다. 무엇보다 150만 원으로 만족해하는 그분들의 얼굴을 통해 행복한 노후가 어떤 것인지 보게 되었다.

그 부부가 소개해준 다른 부부는 퇴직 직전 매월 600만 원을 지출해왔다. 이분들은 노후에 생활비를 400만 원까지 줄이는 데 너무 힘들어하셨고 불행해졌다 생각하셨다. 이 두 가정을 함께 상담하며 나는 300만 원 수입으로 행복한 삶을 살아왔고 노후자금 150만 원으로 기뻐하는 부부의 삶을 통해 우리에게도 희망이 있음을 본다. 이 책을 읽은 독자들이 어떤 상황에 처해 있든지 이 책을 덮는 그 시점부터 희망을 꿈꾸며 새로운 삶을 시작하길 바란다. 아직도 늦지 않았다. 가능하면 본인 혼자 이 책의 내용을 실행하지 말고 부부가 함께 재무 대화를 시작해보자.

강남을 탈출한 변호사 부부처럼 아무도 행복하지 않은데 자녀 교육에 너무 많은 투자를 하고 있는 사람들은 자녀 교육에 대한 가치관과 철학을 다시 고민하고, 맞벌이를 죽어라 해도 돈이 모이지 않는 사람들은 맞벌이를 통해 가족이 무엇을 얻고 있는지 다시 생각해보자. 이제 2~3

년 뒤 퇴직을 앞두고 막연한 창업을 생각하고 있다면 동수 가족의 사례를 다시 읽어보면서 정년을 연장하고 부부가 몇 년 더 일할 수 있는 직업을 찾아보며 앞으로도 남은 긴 인생을 어떻게 준비할지 이야기를 시작하자. 세월이 지나면서 꿈과 열정이 식을 때면 다시 책을 펼쳐서 읽어보라. 희망으로 시작했지만 어디서 문제가 생겼는지 책을 통해 배울 수 있을 것이다. 노후를 조금 일찍 준비하면 꿈 많던 시절 꿈꾸었던 일에 도전해볼 수 있다. 많은 짐을 벗은 은퇴 이후가 묻어두었던 꿈을 이루며 살 또 한 번의 기회가 되는 것이다.

아무쪼록 이 책을 통해 독자들과 가족들이 삶의 긍정적인 희망을 발견하고 책에서 제시하는 방향대로 실천해서 지금보다 나은 미래를 준비하는 데 도움이 되었으면 한다. 가족이 힘을 합치고 사랑으로 배려하고 준비하면 절대 비참한 노후를 보내지 않을 것이라 확신하며 독자들의 가정에 희망과 평안이 넘쳐나길 소망한다.